文化上海·典藏

上海行业博物馆
藏品精选

上海市文化广播影视管理局
上海市文物局 编

上海古籍出版社

文化上海·典藏

上海行业博物馆藏品精选

编纂委员会

委　员

沈佐平　胡劲军　滕俊杰　沈卫星　王　玮
王小明　贝兆健　褚晓波　张　哲

执行编纂

段　炼　郑　亚　李　娜

前　言

一、城市发展与海派文脉

上海地处吴头越尾，夏、商之际为古越人居住地，春秋时期先后为吴、越两国所辖，后又成为楚国春申君的封地。自秦汉以后，中原文化影响不断渗入，又使得上海地区的文化面貌呈现出多种因素杂糅并存的特征。然而上海一直处于中原王朝统治的边缘地带，其文化受到礼制的影响和束缚相对较弱，因此保持着更为"原始"的特质和"民间"的色彩。进入明清以后，上海所在的松江府经济繁荣，人文鼎盛，一度与苏州府双峰并峙。上海位于长江的入海口，襟江带海，是南北贸易的中转站，地域文化自古就带有浓厚的商业气息。进入近代以来，随着租界的开辟，大量中外移民不断涌入，上海一跃成为全国最大的工商业中心和国际大都市，近代化起步最早、程度最高，同时又是全国的文化中心之一。近代上海这座华洋杂处的移民城市，东方与西方、南派与北派、传统与现代、清雅与通俗兼容并蓄，形成了独特的"海派文化"。

所谓的"海派文化"，最初滥觞于书画和戏曲。开埠之后的上海，从一个海滨偏僻的小县城发展成为近代繁华的工商业大都市，同时也成为东南文化艺术的中心，各地进入上海卖画为生的画师日益增加。一方面受西方画技艺和风格的影响，他们在创作的中国画中不断融入西方画的技巧。另一方面，进入上海的画师大多依靠鬻画为生，如早期代表人物虚谷、任伯年、吴昌硕等，而上海洋场的风俗又异于别处，使他们有可能将上海的生活习俗绘入画中，从而形成了一支庞大而有上海特色的绘画队伍。清末，以高邕为首的上海画师在豫园组织了一个名为"海上书画善会"的团体（"海上"即上海的别称）。于是，这一画派被称作"海上画派"，也被简称为"海派"书画。

京戏原来主要流行于北方，除了根据唱腔可分为秦腔、高阳腔、徽腔外，也确实形成了以北京为主的"京派"和以天津为主的"津派"。自1861年京戏进入上海后，由于南方人听不懂京戏，加上西方声光色电等舞台布景的影响，京戏在上海发生了较大的改变。其主要特征是注重机关布景，以武戏为主的连台本戏替代了传统京戏以演唱为主的表演形式。"从听戏到看戏"，京剧在上海实现了华丽的转身，戏曲界将这种与传统不合的范式称为"海派"。

由此可知，"海派文化"自诞生起就带有一种背经离道的"江湖气息"，因此一开始并不被上层社会所认同。然而，经济基础决定上层建筑，随着上海城市的进一步发展，这种结合古今、融汇中西的新兴地域文化不断兴旺发达。一时之间，"海派文学"、"海派戏剧"、"海派摄影"、"海派中医"、"海派园林"……此也"海派"，彼也"海派"。进入20世纪后，"海派"虽有泛滥之势，但毕竟洗刷了自身的恶名，"海派文化"开始步入了良性的发展轨迹。关于"海派文化"，有学者认为具有复杂性、兼容性、同化力强、趋时性、现代性、演变周期短六大个性特征。也有学者认为，"海派文化"具有兼容并蓄、趋新善变、崇尚洋派三大风格特征。其实，近代"海派文化"的特点不妨用"海纳百川，兼容并包，和谐发展，与时俱进"十六字来概括。上海地区所特有的这种"海派文化"，既保持着江南水乡的文化传统，也带有现代商业都会的深刻烙印，是近代中国最有朝气最具代表性的地域文化，并体现于上海文化的方方面面。

1986年，上海被国务院命名为历史文化名城。世界上著名的城市都有其演进的文化、传承的精神和延续的历史。几乎每座世界历史文化名城都实实在在地浸透着这座城市乃至国家的历史，展示着这座城市乃至祖先的辉煌，体现着这座城市乃至民族的精神，折射着这座城市乃至地域的文化情趣，象征着这座城市乃至公众的生活品位。这就是城市所传承的历史文脉。新中国成立后，由于文化中心的北移，上海一度失去了原先的优势。改革开放后，尤其是进入新世纪以来，上海经济、文化迎来了新一轮的大发展，传承都市文脉、重振"海派"雄风，成为各界日益关注的话题。

二、博物馆在上海

中国最早的博物馆诞生于上海——1868年法国天主教耶稣会神父韩伯禄（Père Heude）创立徐家汇博物院（后迁址改名为震旦博物院）。1933年，当时的上海市政府建立了上海市博物馆。至1949年，上海先后建立了5个博物馆，其中2个是外国人创建，3个是中国人自建。上海一直是中国文物博物馆事业的重镇。

行业博物馆在上海的出现，最早可追溯到创建于1935年的警察博物馆。当时的上海市警察局在爱麦虞限路（今绍兴路），警察博物馆就在警社楼下，隶属于上海市警察局。订有《警察博物馆组织规则》和《警察博物馆办事细则》，业务是征集鉴选、保管陈列、鉴定研究、展览摄影。博物馆的陈列内容有烈性毒药、盗窃利器、伪钞、官警制服、科学侦察、犯案统计等六个部分，展出各类枪械、凶器、毒品、伪造证件、药品、伪钞、赌具以及走私用的伪装器具等实物。

1938年，中国最早的医学史专科博物馆——中华医学会医史博物馆在上海开馆。最初陈列室规模很小，利用了中华医学会图书馆的一个房间，陈列绘画、名医肖像、处方墨迹和医药工具等四大类展品。解放以后，医史博物馆先后改由中华医学会上海分会和上海中医学院管理，馆址几经迁移，但始终保留至今，即现在的上海中医药大学医史博物馆，并保存了不少珍贵的文物藏品。

新中国成立后，随着上海博物馆、上海鲁迅纪念馆、中共"一大"会址纪念馆、上海自然博物馆以及嘉定、松江、青浦、崇明等区县博物馆相继落成，初步建成了遍布上海的社会主义博物馆体系。进入新时期以来，中国的文物博物馆事业开始走向健康发展的坦途，逐渐掀起了以新建、改建、扩建为特征的新一轮博物

馆、纪念馆建设高潮。博物馆通过陈列展览、学术研究、编辑出版和对外文化交流，成为爱国主义教育和革命传统教育的基地。

截至2012年底，上海地区各类博物馆、纪念馆总数已突破100家，除了传统的艺术类、历史类、科技类、遗址类、人物类博物馆外，大量涌现的是行业博物馆、高校博物馆、民营博物馆、私人博物馆。大大小小、形形色色的博物馆，形成了涵盖全市的文化网络，日益成为上海城市文明的新景观。

其中，上海博物馆直属中共上海市委宣传部领导；上海市历史博物馆、上海世博会博物馆、"中共"一大会址纪念馆、上海鲁迅纪念馆隶属于上海市文物局；属于各区县文物系统的原郊县综合类博物馆有闵行博物馆、南汇博物馆、嘉定博物馆、金山博物馆、松江博物馆、青浦博物馆、奉贤博物馆、崇明博物馆8家。至于其他一些博物馆、纪念馆，有综合类的，有地志类的，有艺术类的，有科技类的，有人物类的，有的属于科技系统，有的属于高等院校，有的属于公司企业，其中有公办的，有民营的，还有私人的。另外，还有一些尚未在上海市文物局登记注册的博物馆、纪念馆，例如福寿园主办的上海人文纪念博物馆，上海龙华殡仪馆主办的上海殡葬博物馆，由上海市创意产业协会、上海创意产品开发中心等单位发起筹建的上海礼品博物馆等等。在这支庞大的博物馆、纪念馆队伍中，大大小小的行业类博物馆占了半壁江山，是上海文博事业的生力军。

人类在不断地创造文明，通过博物馆这个保存和传承文化的载体，可以串起历史的记忆。因此，要深入了解一座城市的文化，走进博物馆应是首选。

三、行业博物馆与城市文脉的传承

关于行业博物馆，至今尚未有明确的界定。顾名思义，应当是反映某一行业发展历史的博物馆。行业的产生是社会分工的结果，本身就是社会进步的一个标志。行业是一个社会的重要组成部分，每一个行业在它的产生和发展过程中，都凝聚了极为丰富的历史文化内涵。行业发展的历史不仅记录了行业自身的发展过程，而且还反映了人类在技术、经济、生活乃至信仰、风俗、审美等众多领域的活动。保护、继承和弘扬行业文化正是行业博物馆创建的原动力。

根据1995年国际博物馆协会（ICOM）第18届全体大会所做出的定义："博物馆是一个为社会和社会发展服务的，非盈利的永久性机构，并为大众开放。它为研究、教育、欣赏之目的，征集、保护、

研究、传播并展出人类及人类环境的物证。"从本质而言，行业博物馆并没有超越上述一般博物馆的范畴，其特殊性质正在于"行业"二字。但行业博物馆不同于艺术类博物馆或通史类博物馆，是博物馆的一种特殊类型。由于受行业的限制和特殊的要求，行业博物馆应叙述行业的发展史，研究行业的发展史，其藏品必须反映该行业的整体面貌，必须具有该行业的特色。

文物标本是博物馆展示的物质载体，是博物馆学术研究的物质基础。一系列新兴的行业博物馆已逐渐成为相关行业文物收藏研究的中心。然而，由于"行业"的特殊性，对于行业博物馆藏品的欣赏和研究，并不能局限于其实物本身的"艺术价值"，更在于它所蕴含的"史料价值"。对于行业博物馆陈列主题的演绎，并不在于文物展品的观赏

性，更在于展品与展览主题之间的内在逻辑，也就是它在这个行业的发展中起到什么作用，它如何融入这个行业，从而与这个行业产生有机的联系。以物为载体，以史为核心，从不同的侧面生动地记录行业的发展历程，使观众通过观看这些具有"史料价值"的实物，了解这个行业的全貌，这也是行业博物馆教育功能具体体现的主要所在。

作为中国近代工业发祥地和金融中心的上海，因其独特的城市文脉和历史积淀，为行业博物馆的诞生和发展创造了条件。目前上海地区的行业博物馆大致可以分为三大类：

第一类，展示上海地区本行业发展历史的博物馆。这一类博物馆是行业博物馆中数量最多的，规模较大的有上海公安博物馆、上海银行博物馆、上海消防博物馆、上海工艺美术博物馆、上海纺织博物馆、上海邮政博物馆、上海民政博物馆、上海电信博物馆、上海汽车博物馆等等，大多由政府委办局、大型企业公司主管、主办；中等规模的有土山湾博物馆、上海会馆史陈列馆、中华印刷展示馆、上海印刷博物馆、上海纺织服饰博物馆、上海中医药博物馆等等，主要由区级文化单位、高等院校或大型企业主管、主办；小型的有上海眼镜博物馆、上海童涵春中药博物馆、上海周虎臣笔墨博物馆等等，主要是一些私人收藏的展示馆，或体现企业文化的展示中心。

第二类，以上海为主，展示该行业在整个中国发展状况的博物馆。上海是近代中国的经济中心，最大的工商业城市，许多行业居于全国领先地位。这些行业在上海的发展脉络，基本能够反映整个行业在中国的历史与现状。因此，上海也相应成立了一系列以"国字号"打头的行业博物馆，例如中国烟草博物馆、中国乳业博物馆、中国航海博物馆、中国留学生博物馆等等，其陈列的中心内容主要还是展示该行业在上海的演变和发展。值得一提的是，一些行业博物馆，虽然没有冠以"中国"的名号，但并不局限于上海一隅，甚至具有了世界的眼光。例如上海玻璃博物馆，与国际和国内顶级玻璃工艺大师建立了联系，为他们举办艺术作品展，向他们征集艺术作品，形成了富有特色的馆藏。再如上海世博会博物馆，是上海市政府与国际展览局进一步合作的产物，是国际展览局唯一官方博物馆和文献中心。建成后

的上海世博会博物馆，具有展览陈列、文物征集、收藏保护、科学研究、社会教育、学术交流、文献中心等七大功能，不仅将全面反映中国2010年上海世博会盛况，同时还将介绍1851年以来的世博会历史及2010年以后各届世博会的情况，并为与世博会相关的文化交流提供平台。

第三类，并不局限于上海，而是具有全国甚至全球视域的行业博物馆。明清之际，苏松二府双峰并峙，"一城烟火半东南"的上海历来是江南文化重镇。进入近代以后，上海成为文物古玩的集散地，公私收藏占据了中国半壁江山。基于收藏的角度，一些民营行业博物馆，也将征集、展示的视角与保存传统文化结合在了一起。例如上海美特斯邦威服饰博物馆，是一家由民营服装企业开办的博物馆，该馆坚持以少数民族服装和头饰为重点征集对象，已形成了上海甚至华东地区特有的民族服饰收藏、展示体系。

无论是大型的博物馆，还是小型的私人展示馆或企业展示中心，行业博物馆是中国特色社会主义博物馆体系的有机组成部分。以藏品为例，收藏功能是博物馆最基本的功能，也是博物馆赖以生存发展的物质基础。而传统的博物馆，大多偏重于艺术性，收藏的着眼点主要集中在那些具有较高经济、艺术价值的传世文物和考古发掘品。如今，随着改革开放的不断深入，大规模的产业结构调整和技术革新使得许多传统行业逐步退出历史舞台，这些消失的行业为我们留下了一大批"无用"的设备，其中有相当一部分是具有重要历史价值的实物标本。然而由于传统博物馆在收藏理念上的偏颇，行业文物的观念十分淡薄，加上文博系统又缺乏专门从事行业文物收藏和研究的机构，大量珍贵的行业文物散佚、损毁，这是令人痛心的损失。许多行业文物是伴随着中国近现代工商业的发展而出现的，在它们身上凝聚了近百年的历史投影和文化积淀，是具有重要研究价值的历史文物。像上海这样近现代工商业比较集中的城市，行业文物本身就是城市历史文化的载体，也是城市工商业发展进程的历史见证。对行业文物进行抢救性的征集保护，并予以集中展示，是行业博物馆义不容辞的责任和义务。从这个意义上讲，行业博物馆对于上海城市文脉的传承与发展，具有不可替代的作用。

3

四、未来之无限可能

进入21世纪后，上海地区行业博物馆呈现出蓬勃发展的良好势头。据统计，目前上海地区已经建成开放的行业博物馆有30余座。作为一种富有活力、新兴的博物馆类型，行业博物馆在一定程度上补充并冲击了原有博物馆类型单一的局面，起到抢救、保存和弘扬行业文化的重要作用。

行业博物馆的多样性源于行业和行业文化的多样性。从办馆主体的性质来看，行业博物馆有别于文化文物系统

的传统博物馆，既有隶属于国家各部委的，如教育系统、军事系统、民政系统的公立博物馆，也有隶属于工矿企业的博物馆，如上海乳业博物馆等等。与传统博物馆相比，行业博物馆资金来源多元，有利于吸收社会力量创办博物馆，改善原有办馆主体单一、类型单一以及资金来源单一的博物馆管理模式。

公办博物馆与民办博物馆"一对一"结对帮扶工程是上海市文物部门的一个创举。通过结对，一些大型的公办

博物馆向小型行业博物馆借展文物，传授经验，共同发展。例如，上海博物馆与上海琉璃艺术博物馆结对，不仅借展了一些珍贵的古代琉璃文物，提升了琉璃馆陈列的艺术水准，还从专业的角度帮琉璃馆系统整理了馆藏艺术品。不过，博物馆与博物馆之间的"一对一"，往往局限于博物馆业务知识方面的帮扶。俗话说"隔行如隔山"，不同博物馆之间收藏、展示、研究的视角和方法千差万别，在专业知识领域，馆与馆"一对一"模式并不能解决根本问题。因此，这种"一对一"应该相应扩大到行业博物馆与相应的高校院系、与相应的科研机构之间的帮扶，可以借助"外脑"开展业务工作。行业博物馆不仅应该具有文博专业人才，更应该具有该行业领域的专家学者。

"民办博物馆扶植基金"是上海市文物主管部门为解决行业博物馆部分经费问题而实行的举措，切实解决了部分运营资金匮乏的行业博物馆生存与发展的问题。然而，该基金的扶植对象仅限于民办博物馆，而那些隶属于各级政府部门却很难得到相应资金的行业博物馆无法获益。相信通过政策调整，"民办博物馆扶植基金"可以向"专项扶植基金"靠拢，不必囿于博物馆的性质、身份，真正做到专款专用，服务于博物馆公益事业。

在未来的发展中，行业博物馆不仅仅服务于本行业和少数特定的服务对象，而是和其他所有博物馆一样，成为公共文化服务体系中的一员，充分发挥社会教育、服务社会的公共性属性，向全社会履行收藏、展示和教育功能。在未来的发展中，行业博物馆将进一步加强与其他博物馆的馆际交流，改变馆藏更新不及时、展品内容单一、受众狭窄等现状，努力发挥更大的社会效益，谋求进一步的提升。在未来的发展中，行业博物馆将不再囿于博物馆的规模和陈列空间的不足，能够在"云平台"充分展示行业历史与发展的全貌，以及对未来发展的遐想……

在新一轮文化大发展大繁荣的建设中，行业博物馆的机遇与挑战并存。面对挑战，把握机遇，扬长避短，发挥"海纳百川，兼容并包，和谐发展，与时俱进"的"海派文化"传统优势，上海的行业博物馆必将迎来一个辉煌的未来。

目　录

上海铁路博物馆

上海铁路博物馆按1909年建成、具有英式古典建筑风格的沪宁铁路上海站（老北站）的原样,在其原址上建设，于2004年8月上海铁路局建局55周年之际建成开放，现为上海市科普教育基地。

上海铁路博物馆大楼共四层，展示从19世纪六七十年代铁路进入中国后，上海及华东铁路一百多年来所走过的历程，突出反映铁路生产力的变化、发展。馆内分为6个部分，有50余个展项，近千件展品，由序厅、铁路建设、铁路运输、铁路天地、今后几年的跨越式发展、老车站场景（室外展区）组成。上海铁路博物馆的基本陈列，叙述了上海及华东铁路百余年的发展历程，勾勒出铁路生产力发展的脉络，从而揭示了铁路这架大联动机的奥秘。

序厅按照1909年拍摄的照片进行仿制复原，让观众一进入大厅如同进入当时的老北站。两侧有铁路职工根据历史图片自行制作的铜雕画，画中栩栩如生地描绘了淞沪铁路通车的情景和铁路早期的部分设施、设备。铜雕画与老式楼梯交相辉映，形成浓厚的古色古香格调。博物馆室外展区按照有关资料的记载，设

计了一个早期铁路火车站的场景，1:1制作的第一条营业铁路——吴淞铁路的第一台机车"先导号"，并配以平面照片、人像等，组合成场景，重现了历史风貌。展厅内还用大量的实物和图片反映了中华人民共和国建国后铁路建设所取得的辉煌成就，可以一目了然地看出建国后上海和华东地区不同时期和不同阶段兴修的铁路线路状况和运营里程及其发展规划；在展出的实物中着重运用新旧对比的手法，使人们通过铁路设备设施的升级换代和不断改善来深刻体会铁路的巨大变化；在多媒体和大屏投影中能直观地看到铁路飞跃发展的实景及未来铁路跨越式发展的蓝图；充分反映了中国清末铁路的耻辱和无奈，民国铁路的辛酸和劫难，新中国铁路的发展和成就。

除了珍贵的铁路老设备、老器材和历史图片外，馆内还设有融知识性、趣味性为一体的可让观众参与的科普项目。上海铁路局在建设博物馆过程中，得到了铁道部和上海市领导的高度重视和关心，受到社会各界的广泛关注和支持，上海铁路博物馆将更趋完善，在更好地服务企业和社会的同时，为上海和铁路文博事业的发展做出积极贡献。

淞沪铁路钢轨

年代：1897　　　　　尺寸：75×12×12cm
重量：32kg/m　　　　材质：金属

淞沪铁路前身为吴淞铁路，由英商怡和洋行投资兴建，1876年建成通车，是中国最早的一条铁路。吴淞铁路开通后不久，即被清政府买下拆毁。1897年盛宣怀重修，铺设上海至吴淞之间的铁路，1898年9月1日通车运营。淞沪铁路全长16公里，设有宝山路、天通庵路、江湾、三民路、高境庙、何家湾、蕴藻浜、吴淞、炮台湾9个车站。此段钢轨为德国生产，上有"SJ·利克郭 1897"字样，以及"公鸡"图案，曾铺设于淞沪铁路，是上海现存最早的一段钢轨，存世极其稀少。

光绪三十二年沪宁铁路火车开驶时刻表

年代：清光绪三十二年（1906）　尺寸：44×28㎝
材质：元书纸

沪宁铁路于1905年4月开工，1908年4月全线竣工，由上海经苏州、无锡、常州、镇江到达南京下关车站，总长311公里。这张"沪宁铁路火车开驶时刻表"，是1906年上海至无锡段开通时准备发行的火车开驶时刻及搭客车脚价目表。当时沪宁铁路搭客价格主要参仿北方津榆铁路，但江南一带河道密布，航运发达，搭客价格应当酌情减降。为此，沪宁铁路总管理处将此表咨呈清政府督办铁路大臣唐绍仪，并陈明相关情况。

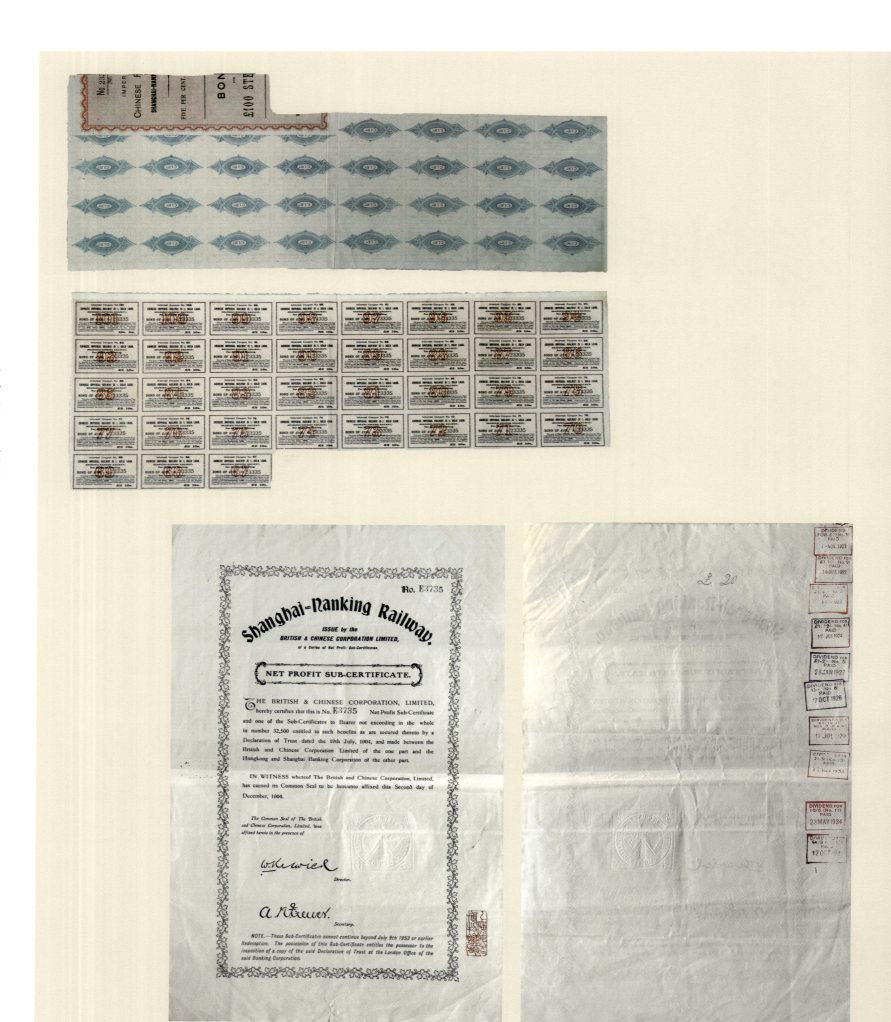

沪宁铁路债券

年代：清光绪三十年（1904）

尺寸：39×25cm　　　材质：纸

上海至南京的沪宁铁路是清政府无奈之下借英国贷款修建的，因而发行了大量的债券和公债。这张1904年由"英华（大清国）公司"发行的债券，带有防伪水印，并盖有公司钢印，面额合当时20英镑。

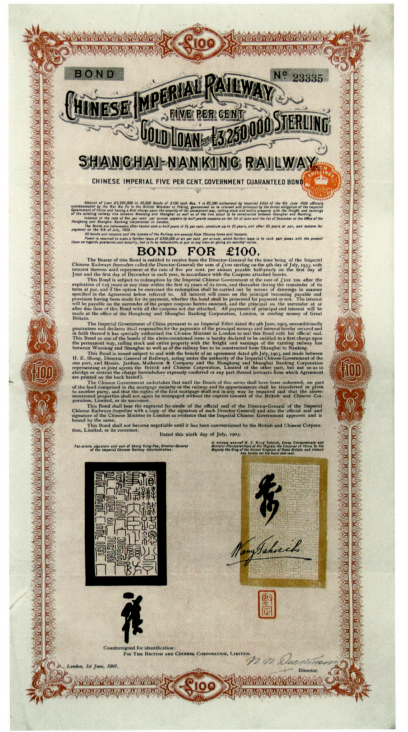

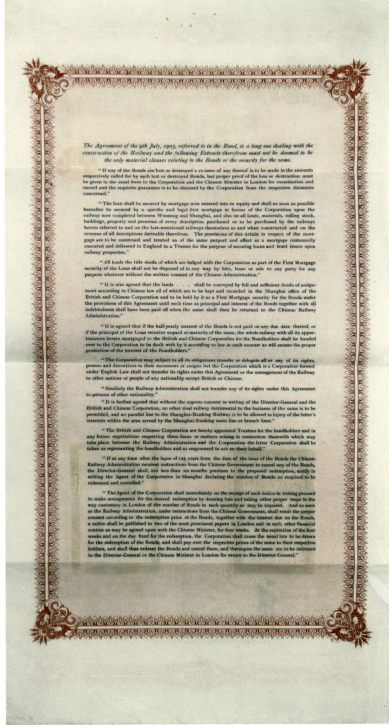

沪宁铁路公债

年代：清光绪三十三年（1907）

尺寸：50×27cm　　材质：纸

这张1907年发行的沪宁铁路公债，面值为100英镑，每年6月1日和12月1日可领息2.5磅，由汇丰银行兑付。这些债券和公债券，历经一百多年的沧桑，现在已非常稀有。

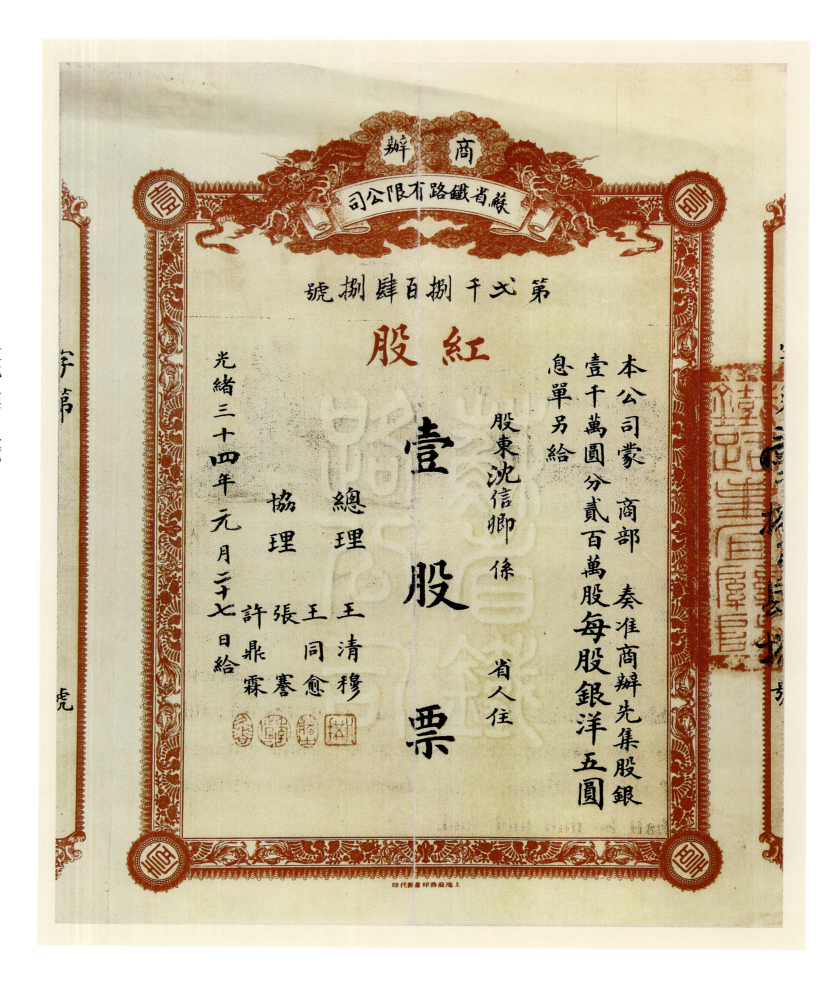

苏省铁路股票

年代：清光绪三十四年（1908）
尺寸：27×22cm　材质：纸

1905年，为抵制外商窃取筑路权，江苏绅商提出集资自办铁路，经清政府批准组建了江苏铁路有限公司。1908年3月，正当沪杭铁路即将完工之际，因资金不足，英国乘机强迫清政府签定了沪杭甬铁路借款合同。为此，上海、江苏、浙江等地掀起了一场声势浩大的拒用英款运动。江苏铁路公司向社会公开发行股票，一元或五元均可入股。在爱国热情的感召下，各界人士踊跃认购，很快筹集到了建设资金。1909年8月，沪杭铁路全线通车，成为中国较早集资修建的民营铁路。

苏省铁路界碑

年代：20世纪初　　　尺寸：85×26×13cm
重量：50kg　　　　　材质：花岗岩石

江苏铁路有限公司成立之后，负责修建沪杭铁路枫泾至上海南站段。当时上海属江苏省管辖，因此这段铁路又被称为"苏省铁路"。苏省铁路界碑于1907年4月枫泾至上海南站段开工前埋下，是该段铁路的地界标志。该界碑是2003年由上海铁路博物馆工作人员偶然在松江34号铁路桥附近发现的。

沪杭段工程处银质盾形临别纪念牌

年代：1929　　尺寸：52×40 cm
材质：银

铁路沪杭段工程处，主要担负上海至杭州之间铁路轨道的施工和维护工作，为确保路线畅通发挥了重要的作用。1929年，工程处一位负责人光华先生调任离职，全体同仁感念他往日对下属的关照，集资打造了一面银牌作为临别纪念。整块纪念牌呈盾形，由750枚银元熔铸而成，镶嵌在雕花红木托上，上刻"惠及劳工"四个大字和92名工程处同仁的名字。此纪念牌由社会贤达人士邵允明先生捐赠给上海铁路博物馆。

麦根路车站装卸工人作业牌

年代：20世纪上叶　　　　　　尺寸：直径6×6cm（铜牌）　13×8cm（竹板）
材质：铜、竹

作业牌又称工牌，多为竹木或金属制成，是装卸工人的上岗凭证，民国初年开始在铁路系统内部使用。这种工牌没有记名，可自行转让，工人凭工牌干活。当时，若能买到一块工牌，在火车站干装卸活儿，可以维持一家五口人的基本生活，因此被工人们称为活命牌。1949年上海解放前夕，装卸工牌的转让价已高达八两黄金。麦根路车站始建于1908年，最初为货运车站，1953年改名上海东站，1987年在其原址上修建了新的铁路上海站。

① 燃煤油手信号灯
② 电石手信号灯
③ 蓄电手信号灯
④ 干电池三色手信号灯

铁路信号灯

年代：20世纪早期至20世纪80年代　　尺寸：不等
材质：铁、铜、塑料

自1825年世界上铁路行车的第一天起，就产生了保证行车安全的问题。最早由铁路职工骑马在前面引导列车运行，并用手信号灯向列车发出信号。1841年出现在伦敦桥车站的长方形臂板信号显示替代了手信号灯。1856年，英国人萨科斯比发明了集中联锁方法，一直使用到20世纪50年代。

KD7型机车

年代：1947
尺寸：2037cm
动轮直径：152cm
车轴排列为：1－4－0式
重量：151.83t

KD7型蒸汽机车是20世纪40年代美国利马（LIMA）机车工厂生产的标准轨蒸汽机车。这批机车原计划用于支援一些国家的反法西斯战争。当机车造好后，二战已经结束。因此，联合国救援总署将这批机车共160台，无偿捐赠中国，分别配属在上海和广州铁路。其中，属上海铁路的机车，长期在沪宁、沪杭两线作业。由于这类机车设计先进、工艺精良，曾在50年代被确定为我国新造和改造蒸汽机车的设计标准。这批机车一直使用到1988年才陆续淘汰，目前存世仅有5台，

12

SN型26号窄轨蒸汽机车

年代：20世纪20年代   尺寸：1485cm
轨距：60cm   动轮直径：71.1cm
车轴排列为：0—5—0式   重量：45.97t

SN型26号蒸汽机车，由美国费城鲍尔温机车厂制造，曾配属云南鸡个窄轨铁路。由于云南多山的地理条件，为便于控制机车上下坡速度，保证窄轨运行安全，采用了能灵活转弯的小车头、小车厢。1926年至1930年，个碧铁路向美国费城鲍尔温机车公司总共订购了16台寸轨机车。先分解成零部件，从美国越洋运抵中国，再由马帮驮至碧色寨重新组装。这批机车自1990年起陆续退役。据悉，目前SN型寸轨机车全世界仅存3台，已成为铁路文物中的珍品。

"美龄号" 公务车

年代：20世纪20年代末   尺寸：2310×320cm
重量：55.8t

"美龄号"公务车产自于美国纽约车辆工厂，20世纪20年代末从美国定做进口，供蒋介石夫人宋美龄专用，以后被称为"美龄号"。新中国成立后，该车辆配属铁道部铁四局用作工程指挥车。1965年，送往唐山机车车辆工厂维修，车厢布局有较大的改动。1967年转到成昆线时险遭造反派烧毁，经铁四局职工奋力保护，在夜间将其转移，才逃过一劫幸免于难。20世纪90年代末，该车辆退役。2003年，被上海铁路博物馆征集并运抵上海。展出前，根据美国原制造厂提供的资料，对"美龄号"车厢内的布局均按原样予以调整。

电气路牌机

年代：20世纪初　　　　尺寸：80×30×80cm　（路牌）直径10×10cm
重量：65kg　　　　　　材质：金属

电气路牌机是铁路早期使用的重要行车闭塞设备。以两个为一组，分设在所属区间的两端车站上。在正常状态下，必须经过对方送电后，才能从机器中取出路牌，作为列车进入区间的凭证。路牌为铜质，呈圆形，中央有不同形状的孔，边缘有不同形状的缺口。不同形状表示不同行车区间，当路牌缺口与机器上部拉板槽口相吻合时，才能放入路牌机内。目前完好的电气路牌机国内存世仅有几台。

电气路签机

年代：1913　　　　　　尺寸：65×31×26cm　14×2cm
重量：25kg　　　　　　材质：金属

电气路签机是铁路早期使用的重要行车闭塞设备，略晚于电气路牌机。其使用原理、方法、作用与路牌机相同。路签为铁质，一头标有行车区间的号码。火车司机接到路牌，并确认号码无误后，方可进入该区间，否则必须立即停车。1913年，上海至苏州间各站开始装设英式电气路签机。20世纪80年代开始逐步淘汰此设备。

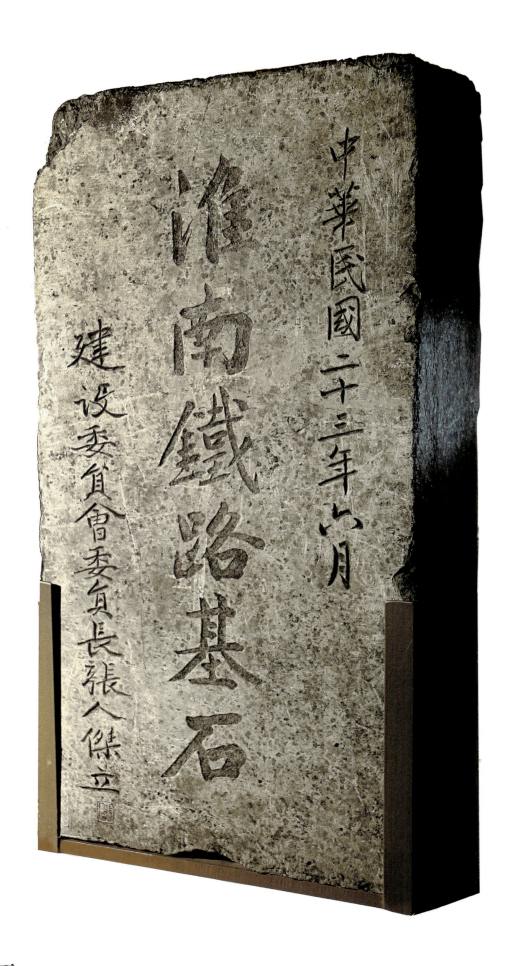

淮南铁路奠基石

年代：1934　　　　尺寸：102×58×21cm
重量：400kg　　　材质：青石

淮南铁路，起自淮河岸边的田家庵，终于芜湖裕溪口，全长214公里，是贯通安徽省北、中部的一条重要铁路干线。20世纪20年代末期，国民政府建设委员会委员长张静江，于淮河岸边九龙岗等地勘定淮南矿区，并开始筹筑煤矿专用铁路。1934年6月，淮南铁路正式开工，1935年2月1日即开通了淮南至合肥的客运班车，1935年12月12日竣工。这块石碑系淮南铁路开工奠基时树立，碑文由张静江亲笔题写，后被埋入地下。20世纪90年代初，淮南铁路更新改造时发掘出土。

火车司机用挂表

年代：20世纪20年代　　　　尺寸：48mm
材质：钢

此钢制挂表系20世纪20年代德国钟表工厂专为中国铁路部门制造，走时非常精准。

各个时期铁路徽章

年代：1934—1949　　尺寸：直径14-30mm
材质：铜

路徽是铁路组织在各个时期建立的个性标记。上海铁路博物馆收藏的不同时期的部分路徽，记载了我国华东铁路发展的轨迹。

1. 浙赣铁路局
浙赣铁路局的前身为杭江铁路工程局。1934年初杭江铁路通车至玉山，3月延伸至南昌，由铁道部、浙江省、江西省共同组织浙赣铁路联合公司。同年5月，公司理事会在杭州成立，同时将杭江铁路局改组为浙赣铁路局。

2. 苏嘉铁路
为连接江苏、浙江两省陆上交通，1906年即已考虑修建苏州至嘉兴间的铁路。1935年苏嘉铁路动工兴建，1936年建成通车，全长74.44公里，为标准轨单线铁路。1944年3月，该线被日军7305部队强行拆除。

3. 华中铁道株式会社
八一三抗战爆发后不久，上海铁路由日军铁遣局实行军事管制。1939年4月，日军在上海成立

华中振兴株式会社。不久，该会社与汪伪政府合组华中铁道株式会社，接管占领区内的铁路。

4. 京沪区铁路管理局
抗日战争胜利后，国民政府将全国铁路划分为6个区，上海区接收了原日伪时期华中铁道株式会社辖区的铁路。1945年10月，华中铁路管理委员会成立。翌年3月，华中铁路管委会撤销，成立京沪区铁路管理局，管辖沪宁、沪杭甬、苏嘉、皖赣及原有各支线。

5. 上海铁路管理局
1949年5月上海解放后，京沪区铁路管理局由人民政府接管，改称江南铁路管理局。8月，改称上海铁路管理局。

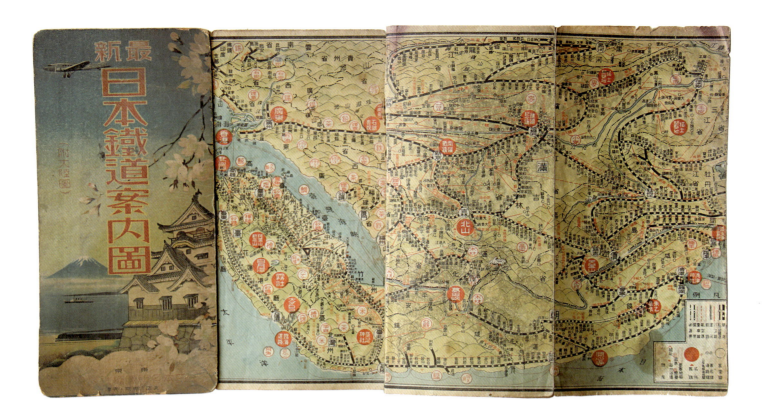

《日本铁道案内图》

年代：20世纪30年代　　　尺寸：81.5×17.5cm
材质：纸

交通乃实业之母，是经济发展的先决条件和现代社会的文明标志，铁路更是交通运输业的重中之重。19世纪末20世纪初，列强相继插手中国铁路建设事业，实行经济侵略，掠夺矿产物资。此《日本铁道案内图》系日本名所图绘社印制，不仅附有中国铁路全图，还标明了大陆矿产资源及农林物资的详细分布。日本侵略者对于中国的觊觎之心昭然若揭。

程十发《花香鼓舞图》

年代：1980
尺寸：560×203cm

程十发（1921—2007），名潼，上海松江人。当代书画大师。早年画风受陈老莲影响，兼及青藤、八大山人、石涛、新罗山人，自去云南体验生活后，其人物画形成了独特的风格。这幅《花香鼓舞图》是1980年末程十发专门为铁路上海站贵宾候车室布置而作，前后花费一周。尺寸要比1985年为朵云轩所作的《山茶梅雉图》（364×143cm）还要大三分之一，为至今所知程十发先生最大尺幅的精品巨作。无数旅客曾在车站候车室驻足欣赏，该画已成为上海铁路文化浓重的一页。2004年，《花香鼓舞图》由上海铁路博物馆永久收藏。

上海中国航海博物馆

临港新城滴水湖畔、毗邻外海的洋山港，一座外形如巨帆的独特建筑高高耸立。在蓝天的映衬下，白帆流畅的曲线格外让人赏心悦目，被风鼓满的白帆传递给人们前行的信念与动力。这座大气、优雅、庄重的建筑就是上海中国航海博物馆，它是经国务院批准设立的第一家国家级航海博物馆，旨在弘扬中华民族灿烂的航海文明和优良传统，建构国际航海交流平台，培养广大青少年对航海事业的热爱，营造上海国际航运中心的文化氛围。

从上海市中心出发，经过S20、S2高速公路，一进入临港新城主城区，航海博物馆的两片帆体便若隐若现地出现在人们的眼帘。从博物馆正门拾级而上进入展厅，一层凝重的色调、珍贵的文物再现了中国航海发展波澜壮阔的历史进程；二层明快的颜色、精美的航海仪器则展现了现代航海的科学成就；三层挑高空间承担着观景平台和举办活动的双重功能。

博物馆常设航海历史馆、船舶馆、航海与港口馆、海事与海上安全馆、海员馆和军事航海馆六大展馆，陈列展示细节运用了多元航海

元素，构成了独特的航海博物馆个性。通过指南针、帆与披水板、大比例现代钢船模型、海图室、驾驶室、航海模拟器、潜水钟、航海导航技术的发展等展品组合传播知识，7000年的中华航海历史也随之如同一幅画卷徐徐展开，尘封已久的航海文明也被悄悄打开，变得鲜活起来。距今7000年前的新石器时代晚期，中华民族的祖先已能用火与石斧"刳木为舟，剡木为楫"；明代永乐至宣德年间，中国航海家郑和率领远洋船队，先后七次下西洋，遍访亚非各国，将中国古代航海业推向顶峰；海禁300年，近代中国落后挨打，航海业从而进入由盛转衰的时期；改革开放之后，中国航海迎来了真正的春天。时空悠悠，陈列在中国航海博物馆里的精品文物让人们触摸到了几千年中国航海文明的脉动，倾听到历史长河中传奇航海人物的心声，甚至是战况惨烈的海战现场上那悲伤的血与火……

中国是一个航海大国，有着悠久的航海历史和先进的航海技术。中国航海博物馆邀您共同跨越时空疆界，体验大航海时代的无穷魅力。

汉羽人划舟青铜羊角钮钟

羊角钮铜钟常见于岭南地区，是一种古老而极富地方特色的民族乐器。形状像半截橄榄或半个椭圆体，上小下大，内壁光洁，底边平直。顶部有竖长方形透穿孔，顶端歧出两片羊角形錾钮。中国航海博物馆收藏的这枚青铜羊角钮钟，两面均饰有一对吉庆的喜穗纹和一组清晰的羽人划舟纹。船上有5位带羽冠者站立船上，船头有人持矛瞭望，船尾有人掌舵划船。从目前已知的考古资料来看，在羊角钮钟上装饰羽人划舟纹的题材还是首见。

元代木锚

打捞于长江口牛皮礁水域。锚柄长7.45米，锚爪长2.5米。木锚柄界面呈矩形，锚爪背部拱起，爪根至爪尖截面积逐渐收缩，爪尖有铁帽。据初步判断，木锚锚柄、一个锚爪及残留的内木栓为铁力木。现存木栓、铁箍及麻绳系后人加固所为，原木锚杆已不见，现横杆亦为后人所加。根据此木锚的材质、特征，基本可认定为元代海船木锚。此木锚是目前中国所发现最大、最完整、构造最清晰的古代有杆木锚。

明代木舵

2005年打捞于长江口牛皮礁水域。舵杆残高7.05米，舵叶保存基本完整。木舵上、下各有一处不起眼的小孔，是中国古船舵特有的勒肚孔和吊舵孔。尤其是勒肚孔的发现，首度佐证了古籍中关于勒肚技术的记载。勒肚孔是中国古帆船特有的装置，用于控制舵，防止船遇大风浪时舵杆摆动过大，损坏船只。明后期至清中期，此技术被广泛应用于海船上。

明代郑和坐像

郑和（1371-1433），原名马三保。出身云南昆阳世家，11岁入宫为太监。1405年，明成祖命郑和率领二百四十多艘海船、二万七千四百多名船员的庞大船队，远航印度洋三十多个国家和地区。从1405年至1433年，这样的远航一共有七次，每次都由太仓刘家港出发。郑和下西洋时间之长、规模之大、范围之广都是空前的，是人类航海史上伟大的壮举，而且对促进中国与东南亚、东非各国之间的友好关系，做出了巨大的贡献。

明人水师阵图册

清代彩绘的明人水师阵图册，绘制了明代水师作战时的战船布阵图，同时以文字详细记录各阵的布置方法和特点。

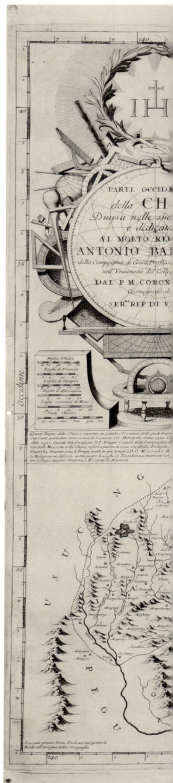

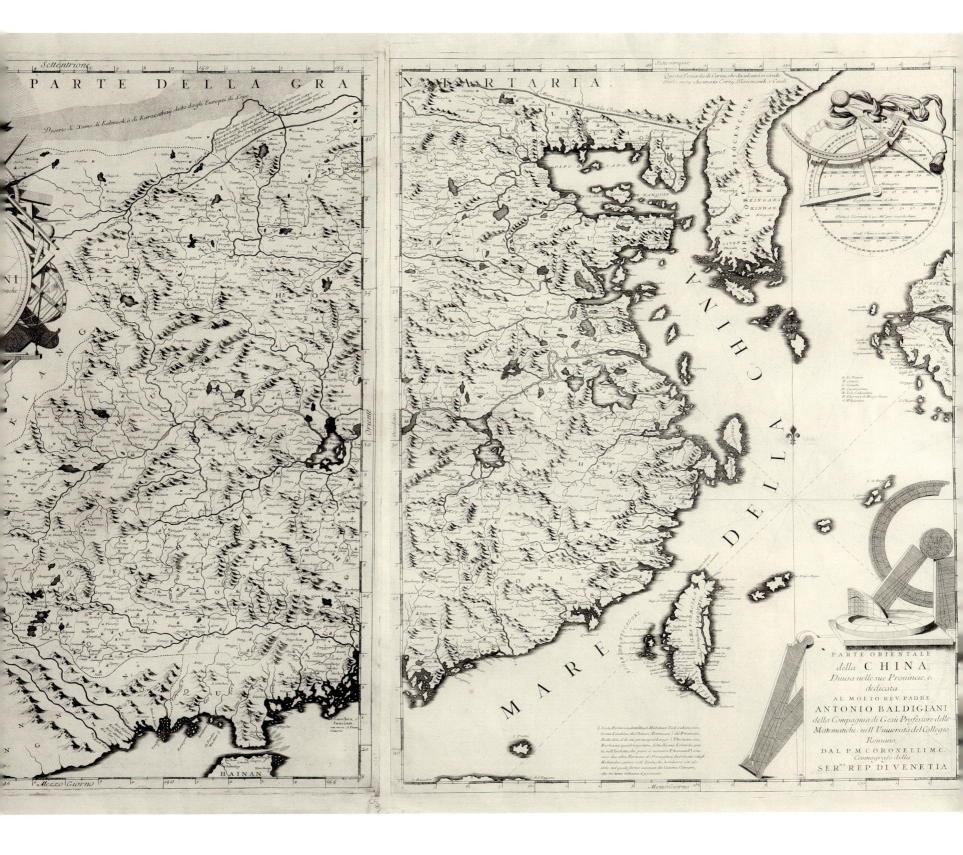

早期太湖渔船

太湖位于江苏省南部，与浙江省相连，现为中国第二大淡水湖。整个太湖水系共有大小湖泊180多个，连同进出湖泊的大小河道组成一个密如蛛网的水系。此船出水于太湖流域。船长约8米，宽约2米，桅杆高6米，是典型的手摇橹船。这类船型在太湖流域已使用了800年左右，绵延元、明、清三个朝代。中国航海博物馆收藏的这艘渔船，是目前唯一有线索可循的太湖早期渔船，对于研究元代至清代太湖流域的渔船技术发展具有重要价值。

17世纪科罗内利绘制的中国地图

温琴佐·科罗内利（Vincenzo Coronelli），威尼斯耶稣会传教士，天文学家和百科全书的编撰者，对地理学和制图学有着浓厚的兴趣，一生制作了几百幅地图。该幅地图出版于1690年，铜版雕印。由两幅大型地图组成，用拉丁文标注，装饰有绘图仪器。地图把整个中国沿海标注为"中国海"，图中较详细地绘出了中国海岸线、岛屿，内陆的山脉、河流和湖泊，甚至可以看到上海的崇明岛及周边一条条水系。该图是17世纪西方对中国地区描绘最准确的地图之一。

19世纪外滩贸易景象油画

此画描绘了19世纪50至60年代上海外滩外轮贸易的繁忙景象。画面中央偏左的中式建筑为江海关衙门（今海关大楼处），最右侧为英国领事馆（今半岛酒店处），黄浦江上停泊着的中外各式船只。

清代指南针

指南针是一种用于判别方向的简单仪器，与火药、造纸术、活字印刷术并称中国古代四大发明。中国是最早将指南针运用于航海的国家，不久就被阿拉伯海船采用，并经阿拉伯人传入欧洲。指南针的发明与西传，促进了当时中国和印度洋、太平洋西部沿岸国家经济文化的交流，促进了各国航海事业的发展。该指南针外框为木质结构，盘面玻璃镶嵌其中，四周刻有二十四方位，指针仍能精确指南。

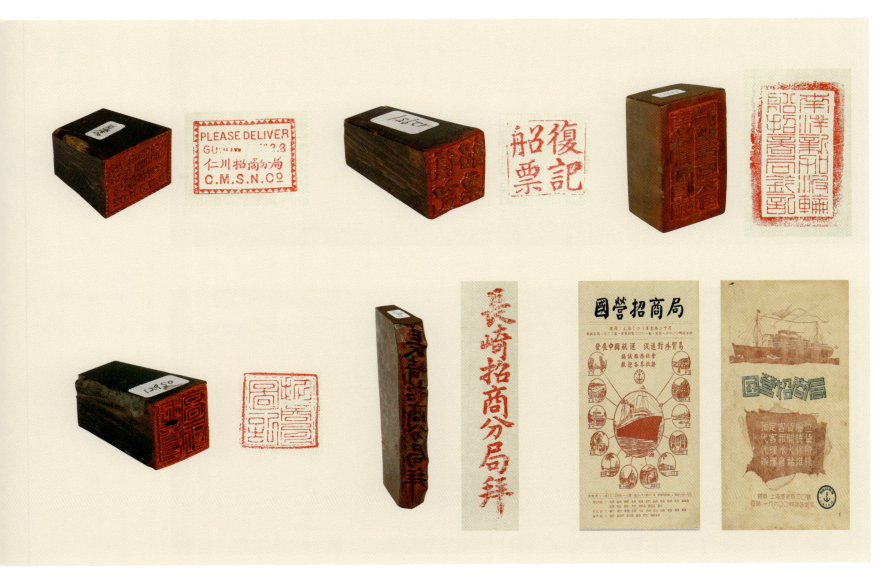

大清福州船政局御赐金、银牌

福州船政局，今福州马尾造船厂。1866年由闽浙总督左宗棠创办，是中国近代最重要的军舰生产基地，一度还成为当时远东最大的造船厂。福州船政局创办初期，清政府聘请了数名掌握科学技术、熟悉船政管理、制造与教学事务的法国人、英国人来当监督和教员，并与外国专家签订了为时五年的"保约"。五年期满之后，为表彰这些洋员的功绩，清政府特别颁发御赐金、银奖牌。

轮船招商局印章、广告

19世纪60年代，以"自强"为口号的洋务运动逐渐兴起。1872年12月23日，李鸿章奏请试办轮船招商局，这是洋务运动中由军工转向民用、由官办转为官督商办的第一家企业。创立之初，招商局总局设在上海，设分局于天津、营口、烟台、汉口、九江、镇江、福州、广州、香港以及日本、朝鲜、新加坡等国。1930年，轮船招商局收归国营。1951年，招商局上海总公司改组为中国人民轮船总公司，香港招商局仍沿用招商局轮船股份有限公司原名。这是民国时期招商局所使用的印章和印发的广告。

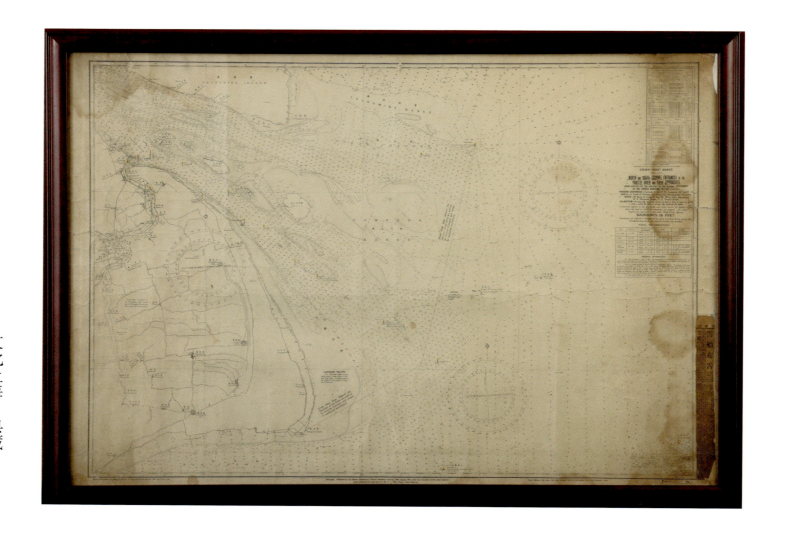

20世纪初期扬子江南北水道及出海口海图

　　海图是为航海而专门绘制的地图，标有船舶航行所需要的各种信息，如经纬度坐标线及刻度、岸形、山形、岛屿、浅滩、暗石、水深、流向、潮汐变化、平均海面基点、罗经花、对景图、助航设施等等。中国航海博物馆收藏的这幅海图，采用现代测绘方法绘制，1915年印行出版。扬子江即长江，其南水道是进出上海港最重要的航道。

外滩"宁海"舰主题年画

　　"宁海"舰是1931年国民政府向日本订造的一艘巡洋舰。1932年该舰完成装配，于8月26日驶入外滩，上海万人空巷，市民争相目睹这艘"清末以来中国最先进之军舰"的风采。1937年，"宁海"舰参加了八一三淞沪会战，屡建战功。9月23日，被日军飞机击沉于江阴要塞长江岸边。这幅主题年画是为了庆祝"宁海"舰建成回沪而绘制的，左侧"宁海"舰高悬国旗，由北向南驶向远方，右侧为一艘渡轮，背景是20世纪30年代的上海外滩。

"江亚"轮上的擦脚垫

　　"江亚"轮原是日本制造的一艘客船，抗战后交由招商局运营，额定最大载客量为2250人。1948年12月3日，"江亚"轮驶离上海十六铺码头不久，即在吴淞口外因船体爆炸而沉没。当时，轮船严重超载，大致估算已超过4000人。其中，只有900余人获救，3000多人葬身海底。以死亡人数而言，"江亚"轮沉没事件是世界历史上最大的海难。这两块擦脚垫是"江亚"轮上的原物。

林祥虬船长起义证明书

　　林祥虬为招商局"中102"运输船船长。1949年春天，与同船撤往台湾的国民党军伞兵第三团一起发动起义，顺利抵达江北解放区。"中102"船的成功起义，为此后招商局一系列海轮起义起到了先锋作用。新中国成立后，为表彰林祥虬的义举，人民政府重新任命他为"中102"船船长。这是中国人民解放军一一四四部队于1955年为林祥虬船长开具的证明书。

"东方红13"号客货轮模型

　　"东方红"系列是上海船厂1975年开始建造的长江客货轮，主要航行于上海至武汉的申汉线。在很长的一段时间里，"东方红"系列一直是长江客运的绝对主力。"东方红13"号长113米，宽16.4米，吃水3.6米，排水量3680吨，载客量约1220人。后改名为"汉江3"号，现已退役。这是上海船厂1976年按比例缩小制作的"东方红13"号客货轮模型。

上海航运交易所开市铜锣

　　上海航运交易所成立于1996年，是经国务院批准，由交通部和上海市人民政府共同组建的中国唯一一家国家级航运交易所。上海航运交易所的基本功能是"规范航运市场行为，调节航运市场价格，沟通航运市场信息"，成立航交所是政府为了培育和发展中国航运市场，配合上海国际航运中心建设所采取的重大举措。这面铜锣是1996年11月28日上海航运交易所开业当天所使用的。

"振华4"号运输船航海日志

上海振华港机集团、中国交通建设集团所属的6万吨级特大件运输船"振华4"号，是专门运送港口起重机等大型港口设备的半潜驳船。2008年12月17日12时43分左右，"振华4"号半潜驳运输船队从苏丹返航途经亚丁湾水域时，遭遇两艘海盗船袭击，9名海盗登船。船员们果断采取防范措施，在有关各方和多国部队的帮助下，成功击退了海盗的进攻。此航海日志完整记录了"振华4"号遭遇并抗击海盗的整个过程。

18世纪船纹瓷盘

这是一个制作于18世纪的瓷盘，盘面绘有一艘欧式三桅帆船，为17至18世纪欧洲常见的远洋帆船。此船前桅与后桅呈满帆状态，主桅帆收起，显示出航行状态。桅顶一侧绘有飞鸟两只。

1780年英国单筒望远镜

　　望远镜是利用凸透镜放大原理制成的可调节目镜,分单筒和双筒形制。船员通过望远镜观测海面及陆标,
及时了解船舶的行进及影响航行的动态,是航海过程中的重要工具。望远镜起源与发明人众说纷纭,较为
公认的说法追溯到1608年荷兰米德尔堡的镜片制造商汉斯·立浦喜(Hans Lippershey)。该望远镜为单筒带
支架望远镜,黄铜质地,1780年英国生产。

19世纪舵轮及支撑架

长154厘米,高186厘米,宽81厘米,舵轮直径154厘米。舵轮位于船舶驾驶室中,用手操纵,可带动滑轮控制船舵运动,改变船舶航向。

1860年英国磁罗经

磁罗经是由中国的司南、指南针逐步发展而成。它的结构主要由罗经柜和罗经盆组成,带有磁针的罗经卡安装在盆内,在地磁的作用下,使得罗经卡上的零度永远指向磁北。除了南北两极极地外,无论船舶航行在极寒的寒带,还是在酷暑的热带,磁罗经都能准确指示方向。海图上标注有本地磁差和年变化率,使用磁罗经时可据此配合罗经自差表修正罗经读数。

上海汽车博物馆

上海汽车博物馆位于上海国际汽车城博览公园内，是中国首家大型综合性汽车行业博物馆，建筑面积27985平方米，展示面积约10000平方米。目前有"历史馆"、"珍藏馆"和"探索馆"三个主要展馆，汇集汽车历史博览、现代汽车科技、古董车收藏与汽车文化展示的不同特点，形成全新的综合概念；以汽车为载体，表达行业特征，展示发展历程，体现汽车对人类社会的深远影响，表现上海"海纳百川"的城市精神。

上海汽车博物馆建筑整体外型酷似叠加的书本，凝重而不失灵动，也喻示着博物馆的知识性与文化性；建筑外立面采用了大量明亮流动的黄色曲线，象征着汽车在高速状态下的运动轨迹，也与整体呈现银灰色的建筑主体在和谐中加以对比，显得流畅却不失理性。

历史馆回顾世界汽车发展的百年历史，通过精选的20余部代表车辆，结合多种陈列方式，描绘出一幅构筑在滚滚车轮上的现代社会画卷，展示了世界汽车发展的历程，反映了汽车对人类社会发展的重大影响，也折射出人类追寻"神行"的理想，人类探索创新的智慧和激情。

珍藏馆集中展示了上世纪20余个品牌的40余款经典车型，介绍了汽车发展不同时期的风貌特征，展现工业产品与人们生活的完美结合，也讲述了创造者的执著与艰辛，拥有者的快乐与满足。色彩缤纷、样式别致、趣味盎然的"老爷车"是所有观众的集中兴趣点。

探索馆是借鉴国外先进青少年科技中心和优秀汽车博物馆的设计理念建成的，极大丰富了博物馆的体验性与互动性。展示面积约2000平方米，涉及近100个汽车相关的科普知识点，以丰富的汽车科技图文、实物、互动展项为广大青少年提供了一个普及汽车科技知识、交流汽车文化的平台。

汽车改变了我们对时空的感觉，汽车改变了城市的形态，汽车构成了流行时尚，汽车体现了科技的力量……而对于古董车，博物馆的管理者这样解读："在中国，在上海，古董车以无以伦比的美丽刚刚绽放。全馆70余台经典藏车，或是优雅华丽，或是沉稳朴实；20多个知名品牌，或曾昙花一现，或已流传百年。爱车者，有着不同的缘由：爱其亮丽的外表，爱其精湛的工艺；爱其显赫的身世，爱其澎湃的动力……一辆古董车，一个经典、一段历史。"

生活在高压繁忙的都市，让人渴望身心的自由；或许，到位于嘉定的上海汽车博物馆去参观，会让你在光影流速中感受轻松的愉悦，在科技机械里体验艺术的享受。

1886年德国奔驰1号三轮汽车

尺寸：2616×1499×1524cm

1886年，卡尔·本茨试制了一台单缸四冲程汽油机，并安装在由钢管和木板构成的三轮车架上。该车采用了钢条幅轮圈和实心橡胶轮胎，通过转动手柄带动齿轮来完成转向，发动机经过传动带机构和链条驱动后轮，速度可达到每小时15公里。1886年1月29日，是汽车历史上值得纪念的一天，本茨为该车向德国专利局申请了专利。于是，奔驰三轮汽车作为公认的"世界第一辆汽车"永载史册。

1907年美国凯迪拉克M型汽车

尺寸：3022×1676×1524cm

早期的汽车工业采用一次生产一辆汽车的方式，所以每一辆汽车的零件都不完全相同，某个零件只能对应地使用到某辆车上。为了提高生产效率，增加实用性，车厂开始尝试将零部件进行标准化的设计和制造，使它们可以安装到同一车型的任一车辆上。M型汽车率先采用了标准化技术制造，从而使不同车辆的零部件可以互换。这款车参加了由英国皇家汽车协会举办的1908年杜瓦尔大赛，凯迪拉克的技师将三辆汽车的零部件随机拆装重组并接受了800公里的耐用性测试行驶，最终这款车获得冠军。

1913年美国福特T型车

尺寸：3404×1676×1880cm

福特T型车于1908年10月开始生产，它结构简单、坚固耐用。1913年，亨利·福特首次将流水线生产引入汽车工业，T型车成为第一款使用流水线生产的汽车。因生产效率大大提高，致使该车价格大幅下降，曾一度低于300美元。T型车的出现，实现了亨利·福特生产"全球的汽车"的梦想，也使美国成为了"车轮上的国家"，从此汽车真正开始进入了寻常百姓家。至1927年停产，19年间T型车一共售出了1500多万辆。

1922年英国奥斯汀7型汽车

尺寸：4115×1600×1550cm

英国奥斯汀7型汽车在20世纪20年代的欧洲非常受欢迎。它于1922年开始生产，被誉为英国的T型车。并在德国、法国、美国通过授权的方式生产，还曾经被日本的厂商仿制，深受二次世界大战之前人们的欢迎。宝马公司出产的第一辆汽车迪克西便是奥斯汀7型车在德国的授权生产车型。有人说它是甲壳虫之前欧洲最成功的经济型轿车。

1931年美国福特A型汽车

尺寸：4300×1700×1750cm

早在1903年，福特汽车公司就生产了它的第一款探索型汽车，以A为代号。虽然之后福特T型车成为世界汽车历史上的一个神话，但福特汽车公司为应对激烈的外部竞争，意识到应该重新审视人们对于汽车的需求。于是，福特公司在1927年10月推出了全新车型，并重新启用A型车作为代号。第二代A型车设计师是亨利·福特的儿子埃德赛，一经推出便使福特公司从雪佛兰公司手中重新夺回了汽车销售量的头把交椅，并成为福特公司历史上继T型车之后的又一个里程碑。20世纪初，汽车就来到了上海。福特A型车成为30年代上海街头最常见的车型之一。

1934年美国克莱斯勒气流车

尺寸： 5220×1820×1750cm

1934年，克莱斯勒汽车公司倾力打造了一款创新车型——气流车。该款车是历史上首款流线型汽车，首次尝试改变了汽车的基本造型，以流线为主的车身减少了行驶中来自空气的阻力。气流车的创新不仅限于外形，内部也有重大调整，使之拥有良好的功率重量比，它的结构完整性也优于当时的其他汽车，使操作性更强，乘坐更加舒适。但这款车的销量并不理想，此次失败对克莱斯勒公司以后的车型风格产生了重大的影响，他们开始回归保守和主流。

1934年美国帕克超八跑车

尺寸： 5435×1828×1752cm

帕克是二战前全球豪华汽车产量最大的美国汽车生产商，以精湛的汽车生产工艺驰名于世。帕克汽车是20世纪最重要的豪华车品牌之一，多款车型都荣为上世纪最经典的老爷车。超八跑车生产于1933年到1934年间，从造型角度来说，它是帕克公司最为荣耀的作品。优雅的维多利亚式敞篷车身，高级特里普安全灯光束都出色地演绎着经典品质，也是圆石滩老爷车展上的获奖者。

1936年美国别克世纪60汽车

尺寸： 4953×1803×1702cm

通用汽车公司于1936年出产的别克60系列双座敞篷车，搭载V8发动机，配以流线的外形，能够轻易达到每小时160公里的时速。其符合空气动力学的外形和靓丽的色彩使它成为引领潮流、彰显个性的一款名车，被认为反映出了当时真正美国式的时尚。其车灯、保险杠等的设计显示了20世纪30年代美国汽车的风格。

1941年美国别克56-S型双门轿车

尺寸： 5334×1905×1700cm

1900年，苏格兰人大卫·邓巴·别克在美国底特律创建了别克汽车，其标志上的三盾图案就源自邓巴·别克的家族徽章。1904年下半年，威廉·杜兰特看准了别克品牌的巨大潜力，毅然买下了别克公司。1908年，杜兰特成立通用汽车公司，并将别克作为新公司的基石。该款双门轿车是别克的经典车型之一，其车身采用流线型设计，巨大的进气格栅成为显著的车型特征。

1937年英国劳斯莱斯幻影Ⅲ型汽车

尺寸： 5445×1960×1750cm

幻影Ⅲ型是劳斯莱斯第一款配置V12发动机的车型，它的发动机拥有7.34升的排量和180匹马力的动力，能在160公里时速下保持良好的稳定性。出色的动力归功于劳斯莱斯的航天发动机技术，早在第一次世界大战期间，劳斯莱斯便为军队设计生产航空发动机。该车的仪表盘使用从意大利和美国进口的胡桃木，经过精心打磨，表面光亮如镜。座椅采用了丹麦和英国的上等牛皮，车内地毯由纯羊毛制成。

1938年美国雪佛兰萨博奔汽车

尺寸：5080×1930×2032cm

随着汽车的普及，早先那些功能单一、造型千篇一律的汽车已不能满足人们所有的需求。汽车生产商顺应时代的要求，推出了多品牌、不同功能的汽车。由通用公司生产的雪佛兰萨博奔车型，体现了20世纪30年代汽车多样化的发展趋势。雪佛兰在商业箱式小货车的车身上开窗，安装了多排座椅，以增加车辆的功能。该车既可舒适安全地搭载8名乘客，也可用来载货。

1959年德国大众甲壳虫轿车

尺寸：4081×1724×1550cm

大众甲壳虫最早于1938年由著名汽车设计师波尔舍博士完成设计和试制，其设计原则是一辆"每个家庭都买得起的轿车"。甲壳虫整车外形流畅，简单实用，完美的车身造型是流线型设计的经典之作。事实证明，无论是在欧洲还是在美洲，城市还是乡村，该款车都极受欢迎。在其诞生后的近70年间，一共销售了2200多万辆，成为世界上销售量最高的单一车型。

1959年中国红旗 CA72轿车

尺寸：5740×2000×1760cm

1959年，第一汽车制造厂克服技术困难，在全国技术人员和工人的努力下，经过五轮样车试制和改进设计，红旗CA72终于定型。该车虽然参考了欧美经典车型的设计，但也融入了许多民族元素，如其进气格栅采用了中国折扇的扇面造型，尾灯参照了传统宫灯的设计，车内饰采用了景泰蓝、福建大漆、杭州织锦等，整车式样美观、庄严、大方。作为政治地位的象征，它被屡次使用在国务活动和外事活动中，成为中国第一代投入使用的国产高级轿车。该车型一共生产了206辆。

1974年中国红旗CA770轿车

尺寸：5980×1990×1620cm

从1966年投产到1998年停产的三十多年间，红旗CA770一共生产了1300多辆，是老红旗系列中产量最多、最为成功的型号。与CA72相比，CA770内饰华贵舒适，装备先进，前后座舱间设有升降隔离玻璃，中排座椅为折叠式，供随行人员乘坐。它的最高车速可达每小时165公里。因其外形大气稳重，线条流畅，CA770在阅兵仪式以及接待外宾活动中得到了广泛应用。

中国北京BJ212吉普车

尺寸：3860×1750×1870cm

四轮驱动的北京吉普BJ212是中国第一代吉普车，诞生于1965年，完全由中国人设计、制造，也是国产汽车中生产历史最长的车款之一。我国第一代BJ212采用软顶可拆式车身和高底盘设计，它借鉴了苏联伏尔加汽车技术，并受美国吉普外观的启示，由北京汽车制造厂自行开发设计制造。该车坚固耐用，价格低廉，维修简便，越野性能良好。

1964年中国上海SH760轿车

尺寸：4780×1780×1590cm

1958年9月，上海汽车人为他们试制的第一款轿车取了个漂亮的名字——凤凰。在其车头的发动机盖上，一只栩栩如生的凤凰展翅欲飞。1964年凤凰牌改称上海牌。1991年11月，最后一辆上海牌轿车驶下生产线。至此27年里，上海汽车制造厂一共生产了77000多辆该款汽车。上海牌轿车是改革开放前中国唯一大量生产的公务型轿车。

1974年中国上海SH760A轿车

尺寸：4862×1772×1585cm

SH760A是上海牌轿车的第二代产品，1974年由SH760改进而来，并最终定型投产。1975年上海汽车制造厂形成年产5000台的能力。从投产到20世纪80年代初，上海牌轿车成为机关、企事业单位和贵宾接待的主力车型。

1970年中国上海牌敞篷检阅车

尺寸：5360×1930×1540cm

1965年起，上海汽车厂在上海牌轿车基础上改进试制敞篷检阅车，并于1966年正式生产。上海牌检阅车的外形尺寸比普通上海牌轿车要大不少，整个车身呈直线形，腰线处采用镀铬的装饰条。车头造型挺拔威严，两侧还有用来固定国旗的旗杆，整体造型落落大方。内饰上最巧妙的是后排座椅的设计，平时可以正常乘坐，需要检阅时，液压装置将后排座椅靠背向前翻折，形成一个更高更窄小的座椅。直至1971年停产，这款检阅车一共只生产了12辆，目前能保留下来的都是珍贵的藏品。

中国上海桑塔纳轿车

尺寸：4546×1710×1427cm

1983年，上海汽车制造厂以散件组装出第一批桑塔纳轿车，这辆车的出现圆了很多中国家庭拥有汽车的梦想，可以说它标志着中国汽车发展一个重要的新起点。博物馆收藏的这辆最初的原型车与通常看到的桑塔纳在细节上有诸多不同，如前车灯、保险杠和座椅等。桑塔纳朴实的外表，宽大、实用、适应性强的优点，成为一个时代最具代表性的缩影。

上海牌汽车底盘

该汽车底盘是从原已锈蚀的上海牌汽车车身上拆卸下来的部分，作为博物馆内互动展项的一个构成，为参观者展示了国产经典汽车品牌的内部系统构造和动力总成原理。

上海公安博物馆

上海公安博物馆坐落在黄浦区和徐汇区交界的瑞金南路上。每当朝霞勾勒出淡淡的城市轮廓线，充满生机和活力的清晨第一缕阳光穿过大门，在这大楼里珍藏着的，自1854年就已开始记录的上海警察历史，便穿越一个半世纪的时光隧道，鲜活起来。

上海公安博物馆建成开放于1999年9月。作为国内首座以警察发展历史为主题的行业博物馆，馆内收藏了晚清以来与我国警察行业相关的中外文物藏品2万余件。诸多文物精品紧密串联起上海一个半世纪以来的重大历史事件、历史人物和警察机构自身的沿革，为观众全面、立体地勾勒出一幅警察文化发展图卷。

迈进上海公安博物馆的大门，迎面便是一组气势恢宏的花岗石浮雕群，名为"辉煌永存"的这组浮雕群，通过写实与写意的有机结合，真实展现了上海公安的精神状态和精神风貌。作为室内雕塑，该组群像自建成以来即以其宏大规模广受赞誉，并且至今保持着"大世界基尼斯纪录之最"。

上海公安博物馆以编年体间杂断代体的编辑叙事手法，奏响了一曲剑与盾交织的辉煌乐章。这里既有1854年上海租界时期工部局巡捕房的厚重历史；也有人民解放军接管国民党上海市警察局，荡涤十里洋场污泥浊水的真实写照；更有新时期人民警察除暴安良、惩治犯罪、服务民众的群像展示。

在刑事侦查馆，观众将看到上海警方面对形形色色的刑事犯罪，如何以"魔高一尺，道高一丈"的坚定信念，运用高科技刑侦手段，出色侦破各起案件；在治安管理馆，观众可以了解警方如何进行头绪万千、纷繁复杂的社会管理，从管理户口、门牌、护照、剧毒品，到处置黄、赌、毒、法轮功事件，可谓一切尽在掌控；在交通管理馆，呈现给观众的是上海道路的日新月异，从最初的黄土路、木砖路、弹格路到现在的柏油路、水泥路，交通工具亦随之发生变化，从独轮车、黄包车、自行车、助动车，到现在行驶在上海大街小巷各式各样的机动车，生动展示出上海城市风貌发展的一个侧面。

在各具精彩的各个专业展馆中，警用装备馆可能是大部分观众的心仪之处。这里展示陈列了十八世纪至今17个国家的近300支各式枪支。它们静静地躺在展柜内，在冷光灯的幽幽照射下，隐去了昔日那些或壮烈或凄婉的故事，只淡淡泛出岁月久远的冷光。

除9个专业分馆以外，上海公安博物馆还有2个参与性、互动性很强的专题馆——"情景互动射击馆"能让观众体验上海公安民警平时训练的场景，"消防模拟演练馆"则告诉观众在紧急状态下如何选择最佳的逃生方法。

上海公安博物馆既是展示公安形象、推介公安文化的窗口，又是联系社会、构建警民和谐的桥梁。观众来这里走一走、看一看，一定能够获得更多的体验和感受。

55

工部局警务处徽章

尺寸：50×50×5mm

工部局，即英文The Municipal Committee的中文翻译，意思为市政委员会，是清末外国殖民者在租界行使行政权的机构。上海公共租界工部局成立于1854年7月11日，下设警务、火政、卫生、工务、书信、教育、总办、华文、财务等处室，以及图书馆、乐队等团体，还设有万国商团、法院、监狱等机构，进行市政建设、治安管理、征收赋税等行政管理活动。此枚徽章距今已有140多年的历史，保存完好，是当时工部局警务处的重要标志物之一。

公共租界万国商团银质纪念杯

尺寸：65×107mm

1853年4月，驻沪英美领事召开联席会议，决定组建上海义勇队，后称万国商团。1854年4月4日，镇压小刀会起义的清军在租界东首泥城桥一带与外侨发生殴斗。万国商团奉命前去支援，仅以死伤十余人的微小代价击溃了数倍于己的清军。万国商团一战成名，因此租界当局将4月4日定为这支准军事化武装的"建军节"。该纪念杯为高脚杯造型，杯腹有万国商团徽章，下有一绶带纹饰。从"4ᵗʰ APRIL 1854"字样可以确证，当为纪念"建军节"所制，是目前仅见的孤品。

孙中山自用手枪

尺寸：115×80×20mm

1896年10月11日，孙中山在伦敦被清政府驻英大使馆绑架。关押了12天后，迫于英国当局的压力和社会各界的舆论，大使馆不得不释放了孙中山。获释之后，为防止再生意外，友人康德黎博士赠送给孙中山一支勃朗宁手枪，用以防身。民国建立以后，孙中山将这把手枪转赠给了秘书萧萱。1956年2月8日，萧萱先生的子女将父亲珍藏多年的这支手枪，上交给了上海市公安局卢湾分局。同时，还附有萧萱生前的亲笔说明。

法租界巡捕房督察长薛耕莘工作证

尺寸：220×85mm

薛耕莘，1904年出生于上海。1930年考入上海法租界巡捕房，从翻译做起，逐渐升任特级督察长，是租界中获得最高职务的华籍警员。抗战胜利后，出任上海警察局黄浦分局局长、军统上海行动总指挥特警组组长。此证系1943年3月1日日军控制上海法租界巡捕房后换发的证件。工作证编号632，由卡纸制成，贴有薛耕莘照片，并用中、法、日三种文字书写姓名、阶级、职务、配枪等信息。此证既是当年租界巡捕督察制度的见证，也是抗战时期日军占领上海历史的真实记载。

警笛与马路电话钥匙

尺寸：82×23mm

20世纪40年代末，上海市警察局在路边电线杆上配置专用电话箱，供执勤交警向总部报告路口发生的特殊情况。马路电话箱钥匙往往用链条与警笛连成一串，配发给街上巡逻的交通警察使用。遇到突发事件，可吹警笛示警并召唤同伴，或用钥匙开启路边电杆上的电话箱，向上级部门报告。

中共上海警委书记邵健的《王云五小辞典》

尺寸：150×91×37mm

这本貌似不起眼的《王云五小辞典》和它的7个附件中，隐藏了新中国成立前夕，中共地下组织在旧上海市警察系统的一段秘密斗争史。原中共上海警察系统工作委员会书记邵健，以英文字母、阿拉伯数字、中文字形编成密码、代号，将伪警局内的中共地下党1个总支、20个支部近500名中共党员的姓名、警号和单位等具体情况隐注其间。另用2本通讯录、1本《无线电通讯教程》、3本英语读本和1本小摘记本，以警号顺序、分局分布、书籍页码等各种形式，作为索引。1949年5月，上海解放，邵健同志将破译后的党员名册和情况表交给了党组织。

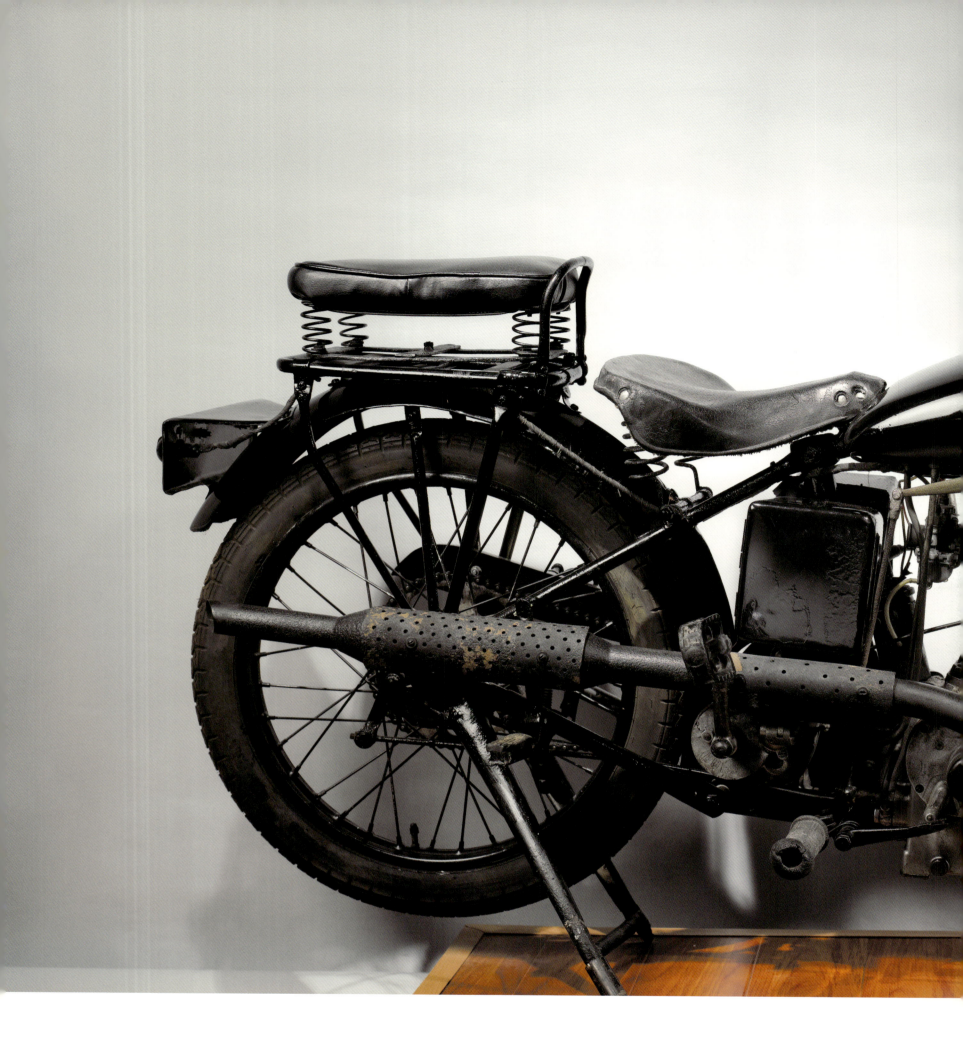

法租界时期艾克萨摩托车

尺寸：1870×720×960mm

这是一辆20世纪30年代美国艾克沙修公司生产的单缸摩托车。与这辆车相配套的有1935年签发的上海市机器脚踏车行车执照、1936年驾驶执照和法租界1940年换发的"2169"号车牌。这辆摩托车是当时很先进的交通工具，其随车保存的执照和证件，反映了当时法租界交通管理状况。

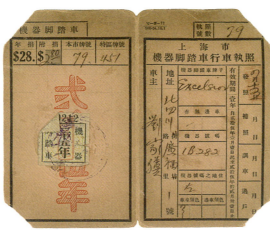

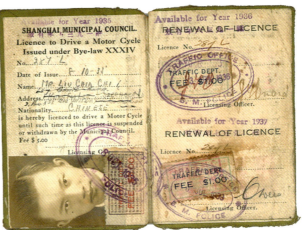

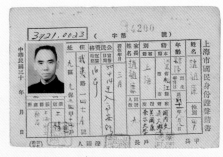

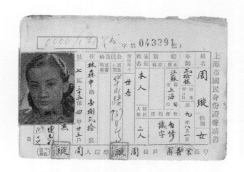
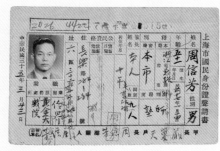

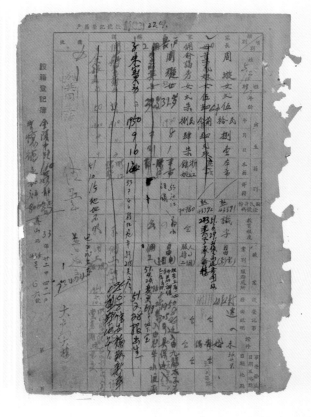
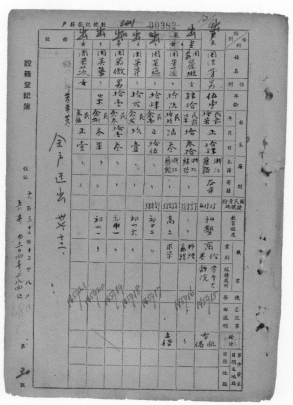

杜月笙、赵祖康、周璇、周信芳户口底卡

尺寸：130×95mm

户籍管理是国家行政管理的一项基础性工作，深受历朝历代政府的重视。1945年抗战胜利后，国民政府开始在全国实行国民身份证制度。立法院对当时的《户籍法》进行了修改，各省、市纷纷制定身份证实施条例。1946年，上海市警察局为加强人口管理，在办理国民身份证的同时，建立了人口信息底卡，全面掌握每一位市民的姓名、籍贯、年龄、职业、住址等个人信息。

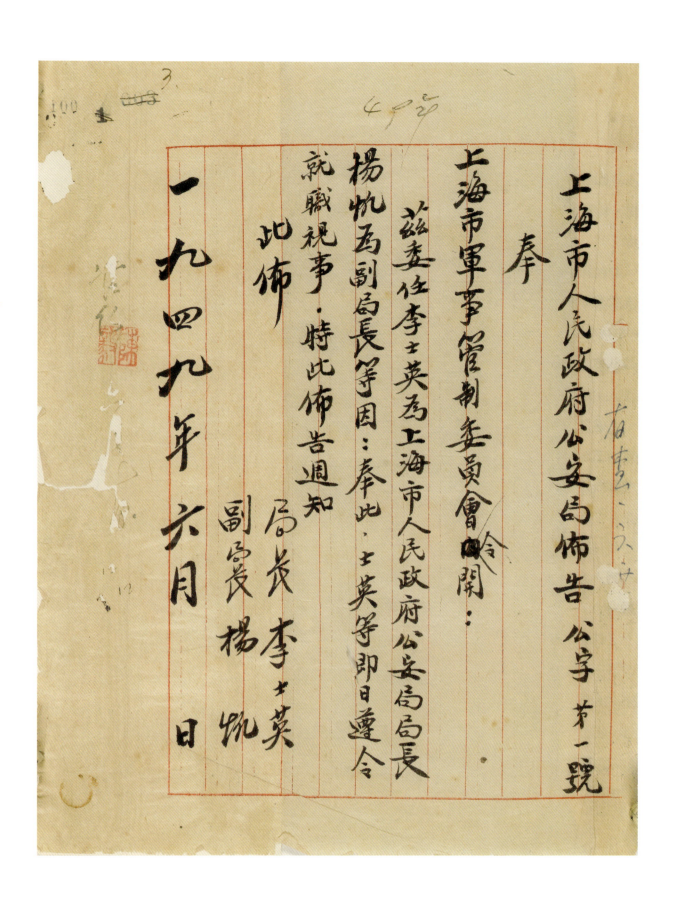

上海市公安局第一号布告

尺寸：264×192mm

1949年6月2日，上海市军事管制委员会发出《上海市人民政府公安局第一号布告》，任命李士英为新成立的上海市公安局局长，杨帆为副局长，即日起就职视事。上海是我国的经济文化中心。解放之初，尽管有解放军5个军分驻全市，武装保卫上海的安全，但潜伏特务、散兵游勇等各类反革命分子大肆进行破坏活动，一些社会黑势力和犯罪分子也乘机兴风作浪。面对当时的政治、经济形势，军管会签发了《上海市人民政府公安局第一号布告》，晓谕社会各界，宣告人民公安机关正式成立，担负起管理社会治安的重任，以巩固新生的人民政权。

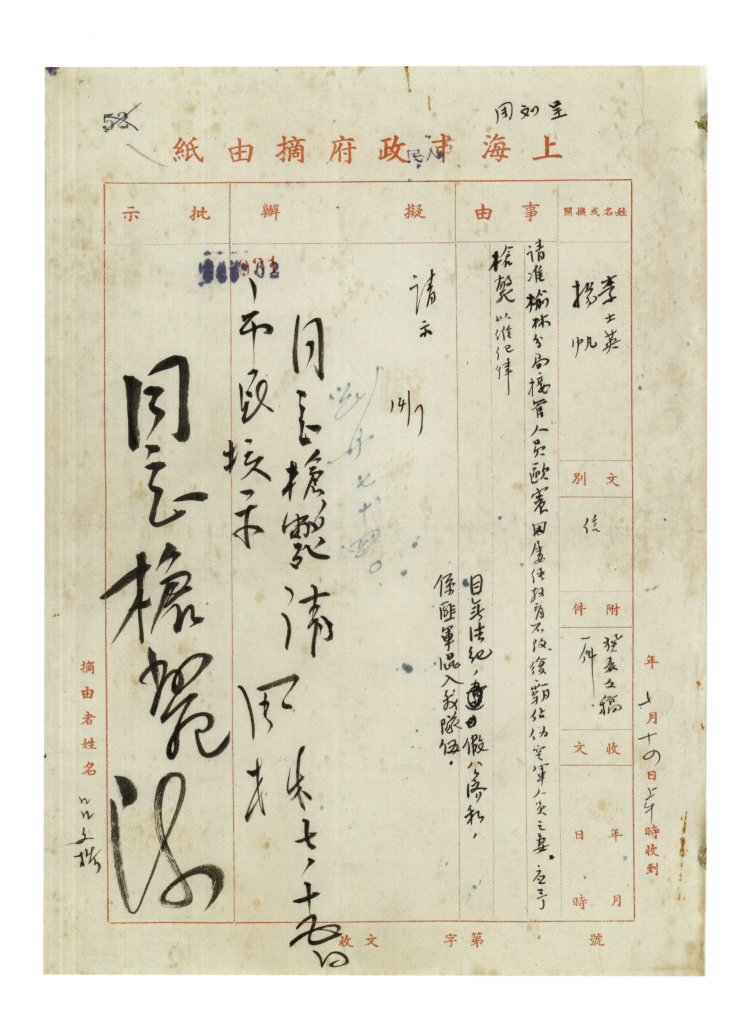

陈毅市长对欧震案件的批示

尺寸：270×192mm

1949年5月，上海解放。原国民党警局留用人员欧震，利用协助侦查、接管工作之便，调戏妇女，敲诈勒索财物。其罪行败露后，为严肃法纪，上海市公安局应上海警备区之请，代表市军管会起草了对欧震的判决书。陈毅市长接到报告后，仔细审阅了报告内容，挥起毛笔，在报告上签批了"同意枪毙"四个字。欧震被处决后，《解放日报》迅速报道了该案，在市民中引起了强烈的反响。陈毅同志对欧震案的批示，显示了共产党和人民政府对反腐败斗争的坚强决心，也为广大革命干部敲响了警钟。

上海市公安局各分局铜质方印

尺寸：60×60×100mm/枚

上海市人民政府公安局所属各分局印信，正方形，青铜铸刻。样式为"上海市人民政府公安局××分局之印"，宋体阳文，共计黄浦、老闸、邑庙、蓬莱、嵩山、卢湾、常熟、徐汇、长宁、静安、新成、江宁、普陀、闸北、北站、虹口、北四川路、提篮桥、榆林、杨浦、新市街、江湾、吴淞、大场、新泾、真如、龙华、杨思、洋泾、高桥、水上31枚。这些印信迄今已半个多世纪，质地完好，字迹清晰，具有极其珍贵的历史价值和文物价值。

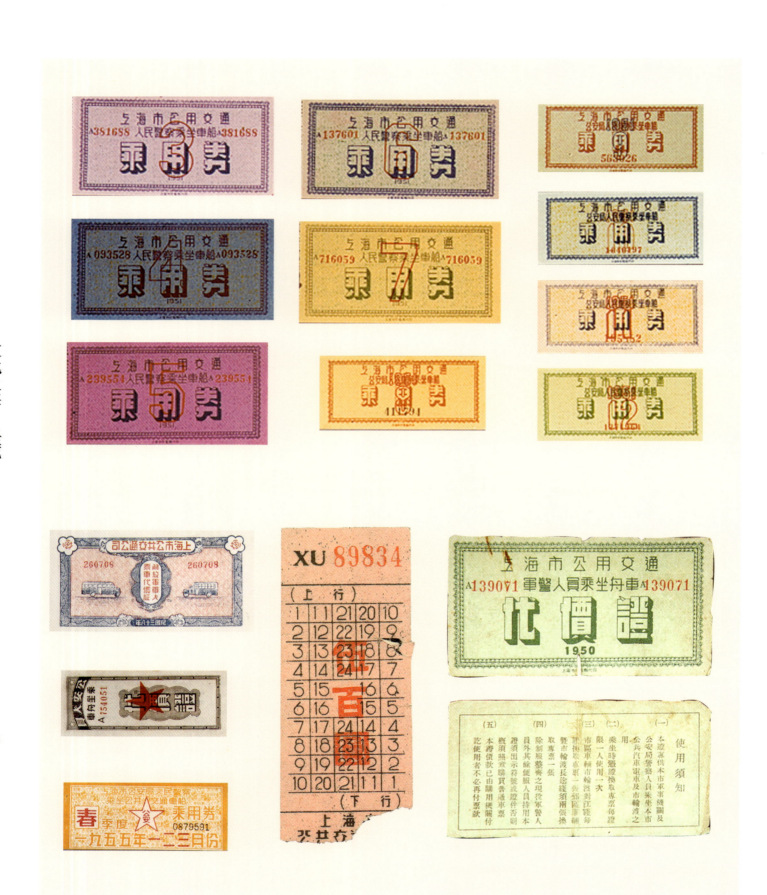

上海市军警人员乘坐舟车代价证

尺寸：不等

新中国成立后，为了树立人民警察的新形象，制订了许多严格的纪律和规章制度。人民警察因公乘坐车船必须与人民群众一样付费，便是其中的一项。当时的公交车辆分段计价，而人民警察"车船证"票面不印价格，乘车不论远近一律付票1张，乘坐轮渡每次付票2张。售票员可以索看乘车者的工作证件，明辨其警察身份，并撕给一张印有"警察"字样的车票作为凭证。公交公司按期以最低票价3分一张与市公安局结算。上海市军警人员乘坐舟船代价票证使用至1955年3月。

第一代警犬"胜利"标本

尺寸：1300×650×800mm

警犬"胜利"，出生于1946年，新中国成立之前已在上海警界服役。该犬秉性勇猛，对训练员忠诚，工作能力很强，能担负追捕逃犯、配合巡逻、咬夺手枪、看守物件、押送罪犯、追踪足迹、搜索毒品、寻找血迹等勤务。自开始服役起，"胜利"在协助侦破多起刑事案件中发挥了很大的作用。1951年8月，卢湾区发生一起凶杀移尸案，"胜利"在嫌疑人家中炉灶内搜出凶器——菜刀，致使该案当场告破。1957年7月，"胜利"因中暑死亡。为纪念新中国第一代警犬的卓著功勋，遗体被制成标本。

《人民警察》一——五卷

尺寸：245×155×15mm

《人民警察》于1949年7月7日创刊，是上海市人民政府公安局成立后第一份公安专业期刊。刊名由时任上海市长陈毅同志题写，第一卷是彩色底红字，第二、三、四、五卷是彩色底黑字。最初为周刊，公安系统内部发行。内容主要弘扬人民警察为人民服务的宗旨，改造旧警思想作风，及时报道公安工作动向，以及颁布有关政策、法令等等，是广大公安战警学习政策、业务的好教材。1951年底，为了增产节约，上海市委要求各单位停办内部刊物，《人民警察》出满5卷后第一次停刊。1953年复刊，1986年面向社会公开发行。

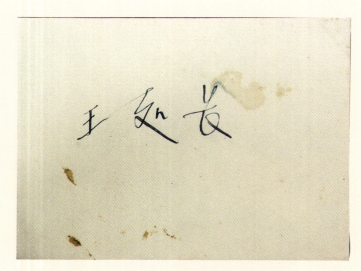

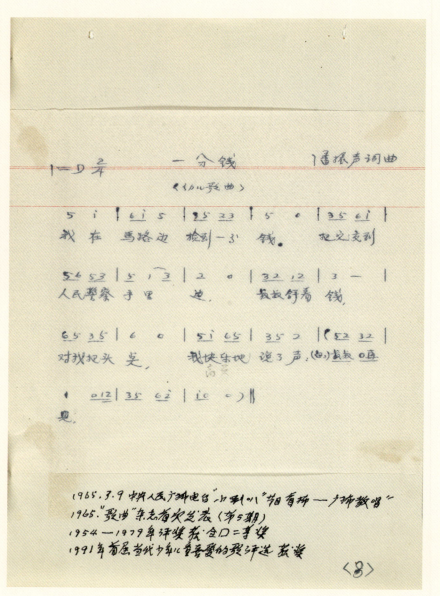

宋庆龄致上海市公安局警卫处处长王济普的贺卡

尺寸：124×181mm

王济普，上海市公安局原警卫处长，负责警卫宋庆龄同志在沪期间的安全。长期以来，他慎密、周到地完成了警卫任务。"文化大革命"期间，王济普被迫害致死。这是1965年春节宋庆龄同志寄给王济普的贺卡。信封为全白色，用钢笔书写"王处长"三字。信封内贺卡用玉版宣纸制成，正面是齐白石的木版水印水仙花图，贺卡上有钢笔书写"祝春节快乐"字样，和宋庆龄同志的亲笔签名。

儿歌《一分钱》手稿

尺寸：263×189mm

"我在马路边捡到一分钱，把它交到人民警察手里边……"这首脍炙人口的儿歌《一分钱》是由著名儿童音乐作曲家潘振声创作的。全歌只有4个乐句，16个小节，32拍，曲调由沪剧紫竹调移植变化而成，短小明快，充分表达了"警与民"之间融洽的鱼水之情。1963年，歌曲由中央人民广播电台首播，随即传唱全国。1980年5月，《一分钱》在"第二届全国少年儿童文艺创作评奖"中荣获二等奖。1991年，在首届"当代少年儿童喜爱的歌"中获奖。

杨怀远赠给南市交警的"为人民服务"小扁担

尺寸：1420×70×45mm

杨怀远系复员军人，1960年起在上海海运局当客运服务员。在"向雷锋同志学习"的精神鼓舞下，自制小扁担，义务为旅客挑运行李，被誉为"小扁担精神"。1985年，杨怀远获得全国劳动模范称号。2009年9月14日，被评为新中国成立以来100位感动中国人物之一。杨怀远的小扁担，系用整片楠竹制成，凹面中间有油漆书写仿毛泽东手书"为人民服务"5个大字，其余部分有中外旅客的签名题词。凹面左起第三节内，有杨怀远为南市公安分局交警大队"南浦第一岗"题写的"警民鱼水情意深"7个字。

第一辆交警巡逻车

尺寸：4760×1770×1500mm

20世纪80年代上海公安交通管理部门使用的第一辆上海牌巡逻车。

沪AZ0518私车牌照

尺寸：440×140×3mm

新中国成立后，汽车作为生产资料计划调拨，私人不允许购买，直到80年代初改革开放以后才宣布解禁。1986年，上海私车牌照开始采用拍卖方式取得。那时，私车牌照投放数量极少，起拍价10万人民币，最低成交价格通常也要十几万。1992年，一块"沪AZ0518"号码私车牌照拍得30万元的天价，顿时轰动了整个上海滩。仅仅一周之后，车主所在的公司因债务问题被告上法庭，"沪AZ0518"牌照重新拍卖而流标。

南京路上好警署锦旗、奖牌

尺寸：1400×750mm（锦旗）
570×401×30mm（铜牌）

南京东路是全国人流量最大的马路之一，也是全世界人流量最大的马路之一。负责南京东路治安管理的，是上海市公安局黄浦分局南京东路警署。该警署曾连续八年荣立集体三等功，六次被授予"争创人民满意活动先进集体"，是全国公安系统基层先进集体的优秀代表，是公安机关和广大民警学习的榜样。1997年11月26日，中华人民共和国国务院为表彰南京东路警署的突出成绩，专门授予该警署"南京路上好警署"锦旗和奖牌。

南极石

尺寸：90×220×240mm

1998年8月29日，"雪龙号"考察船船长袁绍宏的手提电脑被窃。这台电脑里储存了大量有关南北极冰情、水文、航线、各国港口以及我国设在南极的"长城站"、"中山站"的作业情况等珍贵资料，一旦销毁或泄漏，将造成不可估量的损失。在上海市公安局文保总队侦查员的不懈努力下，5天后案件成功告破，电脑和其中的资料完好无损。1999年2月，"雪龙号"考察船在南极采撷了一块珍贵的南极石，赠予上海市公安局以表示谢意。

上海消防博物馆

　　上海消防博物馆位于长宁区中山西路229号，场馆面积约2400平方米。该馆于2007年8月1日试运行，11月9日正式开馆，是目前国内一流且具有世界先进水平的专业博物馆。

　　上海消防博物馆现有藏品21000余件，包括众多极具史料价值的近代上海消防文物，如上海地区目前保存最完整、历史最悠久的清末民间救火用木制双筒人力泵,比上海杨树浦水厂还早两年出现在上海街头的1881年造消火栓，以及早期的个人消防装备、消防车和自动化消防装置等，通过各个展区的展示,参观者可以对上海消防事业从孕育、发展到辉煌跨越,有一个全面的了解。上海消防与中国革命史有着密切联系，如创建上海救火联合会的李平书先生就曾参与领导上海辛亥革命；黄炎培先生也曾任上海救火联合会西区救火会会长；著名的国际友人路易·艾黎在上海的第一份工作就是任上海虹口消防队小队长。上海消防博物馆对此都做了详细介绍。

　　博物馆还拥有一个多功能的消防科技教育体验馆，着重设计为市民逃生体验，使用了目前国际一流的高科技展示技术，包括动感4D影院、虚拟逃生体验空间、互动虚拟火灾实验室等。其中"神秘的火"展项，利用宣传图文版及互动虚拟火灾演示室，结合相关化学课程，向学生揭示燃烧的本质，介绍燃烧三要素等知识，并由课本教材扩展开来，介绍灭火常识。"烟气与逃生"展项，依据国家火灾实验室有关火灾烟气的研究成果，结合最新的计算机模拟技术及火场逃生人流疏散数学模型，设置出虚拟火场，让参与者通过亲身体验学会正确的火场逃生方式，提高观众对于火场逃生知识的认知。

　　博物馆还依托上海市消防局，向高校开展以消防技能为主体的新型军训，并将开展残障人士、外来农民工、老年人等特殊群体专场。上海消防博物馆旨在展示上海消防历史进程的同时,培养青少年自我保护意识,增强全民消防意识。

木质双筒人力泵

尺寸：水枪高约186cm，水箱长约102cm，宽约74cm，深约54cm，压梁长约406cm

木质双筒人力泵也称杠杆式唧筒，由水枪、压梁、汽包和水箱组成。水箱上两侧各有两个铁环，箱底两侧有两根向两端伸出的直木。发生火灾后，由平板车搭载运输至火场，救火时，挑水夫将就近取来的水不断地倒进桶里，用二人或四人不停地上下推拉水泵的杠杆，抽上来的水便沿水枪而喷射到失火处。这种水泵比水袋、水铳的喷水量大得多，且可以不间断地喷水，于是被当时的百姓叫作"水龙"，接水的带子被叫作"水龙带"，喷水头被叫作"水龙头"，以后又略称为"龙头"。

清代木制柱塞式唧筒

尺寸：12×11×100cm
材质：木质

木制柱塞式唧筒，是一种喷水灭火器具，最早见载于北宋曾公亮著《武经总要》："唧筒，用长竹下开窍，以絮裹水杆，自窍唧水。"在这种唧筒内，紧裹在水杆上的棉絮起着活塞的作用，用手来回拉动水杆产生正压和负压，将水从竹筒开窍处吸入、喷出。这说明北宋时人们已经掌握了柱塞式泵浦的原理。尽管这种唧筒的射程和流量都很有限，但利用它来射水灭火，比之用水桶或水袋、水囊等泼水或掷水，的确是一个重要的进展。上海消防博物馆所藏的木制柱塞式唧筒是清代晚期从日本引进的。

木制机械摇梯车

尺寸：192×465×1525cm
材质：木质主体

上海消防博物馆收藏的这辆木制机械摇梯车，是由上海西区救火会于20世纪30年代初从英国进口的，是上海现存历史最悠久、保存最完整的消防登高梯。该梯由内燃机消防车搭载运输，到达火场后，只需四人就可以顺利将其展开，完全展开状态下升高可达50英尺，约合15.25米。新中国成立后，该梯移交至静安消防队，参与了上海历年来的重大火灾扑救，于1999年正式退役。

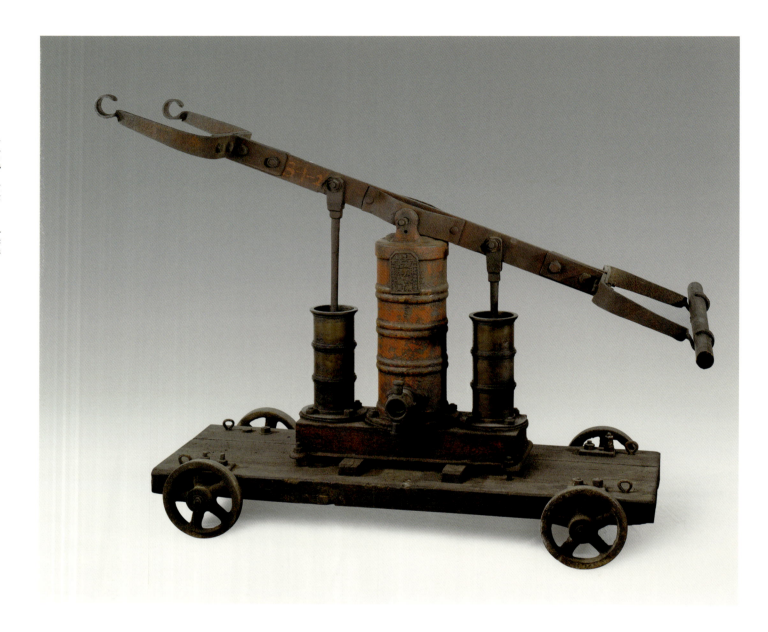

城隍庙金属手揿救火泵浦机

尺寸： 195×85×98cm
材质： 铜、铁

手揿救火泵浦机也称复式手腕唧筒，初由国外传入，民间俗称"洋龙"。机器内有两活塞，一活塞向上，以真空原理将水吸进筒内；另一活塞向下，将水压出水带水枪而喷射出去。两只活塞由人力揿动，交替一上一下，速度越快，出水就越高越有力，若以20人分批揿动，可出一支水枪。有文字记载的最早的"洋龙"出现在扑救宝顺1852年洋行火灾。之后，1956年宝顺、怡和、广隆等洋行又进口了三台"洋龙"。1863年6月，旗昌轮船公司从美国纽约进口了一台大功率手揿泵，停放在法租界外滩金利源码头，并成立了救火队，这是租界最早的专职消防队。上海消防博物馆收藏的"洋龙"是从美国进口的。

1924年救火联合会报告

尺寸：12×19×7cm
材质：纸质

　　上海救火联合会（即沪南救火联合会）的组建发展，经历了一个曲折过程。联合之初，形式虽然已由分而合，实际上39个救火会一如既往，并未从组织人事、设备上做大的调整，在火场虽比以前有很大进步，但仍"众口庞杂"。为此，有识之士提出分区制，将辖区分为9区，重新组织，扩大会所，增加装备。因时局艰难、困难重重，至1914年还有不少区未能成立。有鉴于此，改9区为4区。至1924年，东、南、西、北四区救火会在沪南老城厢的四周蠹立起来了。这本救火联合会报告册是研究上海华界消防史的重要资料，收录了当时救火会的规章制度、重大提案等珍贵文献。

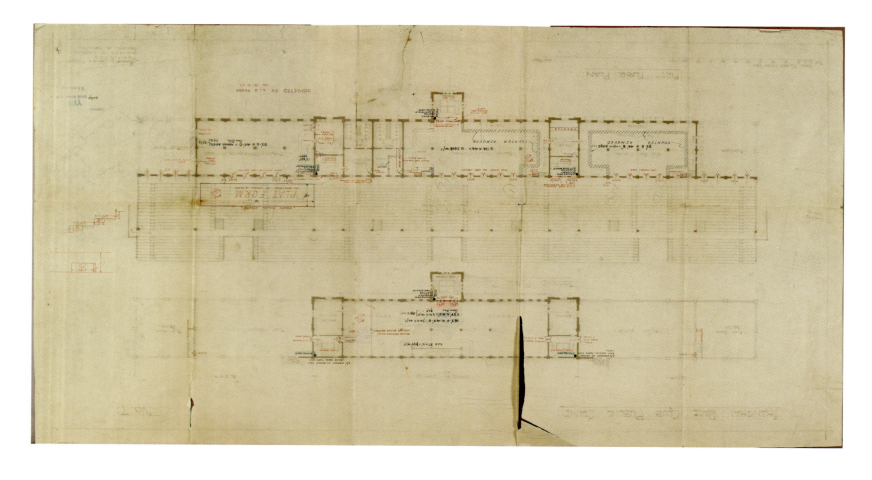

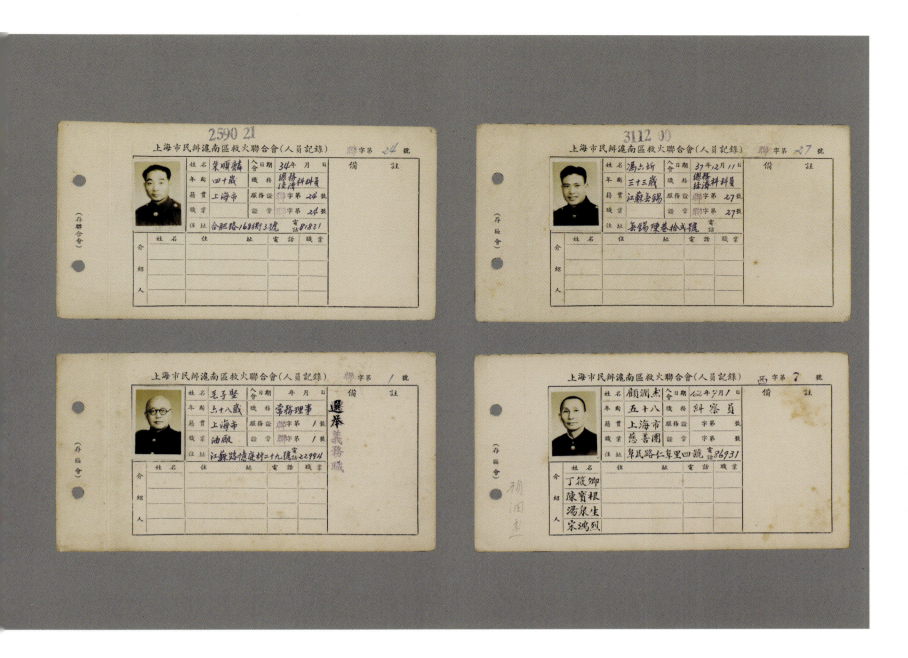

跑马总会消防建审图纸

尺寸： 62×45cm
材质： 纸质

租界当局重视建筑审核，工部局成立之初，就设置"打样房"，负责建筑审核。其内部就有一道工序，就是火政处要从城市消防管理角度审查工程图纸，只有经火政处盖章后，工部局"打样房"才能将建筑执照核发出去。20世纪初上海租界各大知名建筑的消防建审图纸，上海消防博物馆多有收藏，其中就有著名的上海跑马总会。1932年，跑马总会拆除了旧屋，花费200万两白银，由英资马海洋行设计，重建成一座钢筋混凝土结构，100多米长，4层高的新楼，建筑面积21000平方米。外观属于古典主义造型，外墙是红褐色面砖与石块交砌，有塔什干式柱廊，内部装饰富丽堂皇。上海跑马厅当时称为远东最好的跑马场。

救火联合会会员登记卡

尺寸： 18×12cm
材质： 纸质

1907年上海城厢内外总工程局总董李平书与万家公益会总董毛子坚等人联名倡议，将已有的多家救火会联合起来，成立上海城厢内外救火联合会（后改为上海救火联合会，沪南救火联合会），统一调度救火。沪南救火联合会原规划9区制，后改为沪南东区、西区、南区、北区4区制。根据《上海救火联合会章程》，一般会员由当地居民志愿义务担任，来自保险、运输、水电、面馆等各行各业，而地区的头面人物、有实力的绅商则出任会长、会董以及议员等。

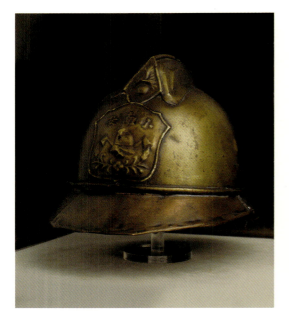  

消防头盔

尺寸：不等
材质：铜质

消防头盔来源于古代武士的头盔。1800年，德国柏林市的消防队员们头戴一种铜盔，顶上有一个尖形的锥体。据说，为了防止上方掉下来的物体砸伤消防队员的头部，头盔上的锥体可以将掉在上面的重物分拨到别处去。1850年，法国巴黎消防队员头戴的铜盔上有一个凸出的弯条型空室，对上面掉下来的物体，能起到减压的作用。中国清代皇宫消防队，头盔上镶嵌着一条龙，也是起减压作用的。直到19世纪初，法国制作了一种钢盔，钢盔里面做一个皮套作为衬体，用于消防头盔，防护效果较好。与此同时，德国消防队制出一种比法国头盔多一件后沿软体的头盔。这个软体是不燃织物，除了减压作用外，还可以阻挡上面掉下来的燃烧物体，不使其掉进消防员的脖颈里。

1881式消火栓

尺寸：高约130cm，直径约28cm
材质：金属

消火栓是重要的消防水源，在它问世之初，其正式名字叫"海亭"，这个命名的缘由有二：一是英文"Hydant"的音译；二是当时老百姓看到消火栓能持续出水，认为其是海龙王休息的地方，求他救火是有求必应的。上海消防博物馆收藏的这个消火栓，柱体上印有"S.F.B 1881"字样。"S.F.B"是"Shanghai Fire Bridge"的缩写，即上海救火队。"1881"系指该消火栓的制作年份，这是上海地区现存历史最悠久的一件消火栓。

水警铃

尺寸：直径约12cm
材质：金属

消防警铃一般用于宿舍、办公室、生产车间和其他公共场所，当发生火灾时发出警示铃声。水警铃是利用水流冲击叶轮旋转，来击打报警的警铃。

四氯化碳灭火弹

尺寸：底部直径约8.5cm，高约15cm
材质：玻璃容器（内置四氯化碳灭火剂）

四氯化碳灭火的道理和二氧化碳一样。平时四氯化碳是液体，在火焰附近遇热，很容易变成气体。它比同体积的空气重得多，也能紧紧地包围住火焰，隔断氧气的来路。由于它不导电，尤其适用于电线、电器着火时的扑救。虽然四氯化碳灭火效果很好，但由于其对大气臭氧层有破坏作用，现在已经不再生产使用。上海消防博物馆收藏的四氯化碳灭火弹是20世纪二三十年代民族消防器材厂家生产的。

薛震祥先生名片

尺寸：5.5×10.5cm
材质：纸质

薛震祥，中国首家消防器材生产企业上海震旦铁工厂的创办人，民族消防工业的先驱。1890年生于江苏无锡，14岁来到上海，18岁转到石赉洋行当业务员，后任华籍经理。1917年，与人合伙在天水路开设震旦水电工程公司，专营水电安装和凿井工程。薛用自有资金购置3部8英尺车床，制造自来水龙头。1927年，试制泡沫灭火机成功，生产鸡球牌泡沫灭火机，产品在国内畅销，并远销东南亚地区。后又在无锡开设制造碾米机、泵浦、柴油引擎的小型机械工厂。1931年工厂规模扩大，仿造英美规格的汽油引擎和特拉海式救火车。在重庆等地设立经销分公司，在香港设立办事处。1955年公私合营，更名为震旦铁工厂，薛震祥任第一副经理。虽年事已过花甲，犹一心钻研技术，1959年试制成功植物性蛋白空气泡沫液灭火机，专供油田火灾灭火用。

外商火险公司火险铭牌

尺寸：不等
材质：铜质

火险全称火灾保险，以动产与不动产为保险标的，凡因火灾、爆炸、雷电及延烧所致保险标的之毁损或灭失为保险事故的一种保险。当时外商火险公司为防止被保险人放火搬物，都在保户门楣上悬钉一种铜质或铁质火险铭牌，既便于警察查检，又提醒救火人员奋勇抢救。在西方，火险公司与消防队关系密切，因此租界消防队对挂有火险铭牌的商户也予以重视，优先扑救。

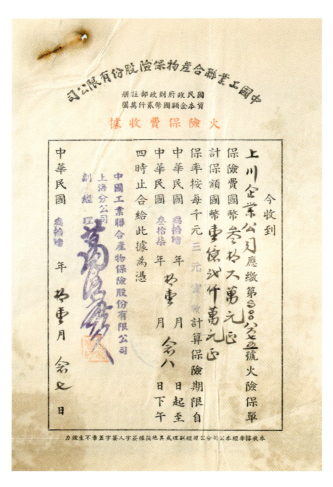
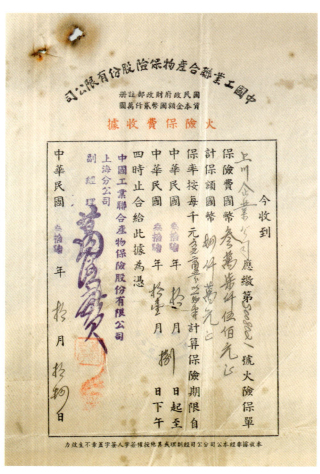
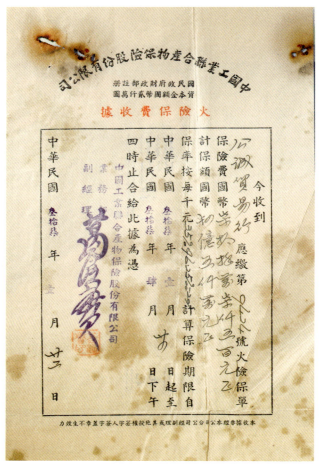

华资火险公司保险单据

尺寸：13.5×21cm
材质：纸质

上海成为通商口岸后，迅速取代广州，成为中国乃至远东保险业的中心。随着上海经济的飞速发展，外资火险公司纷纷登陆上海，对保险市场形成垄断。国人不堪抑制，遂于1907年成立了华商火险公会。到1911年，会员已由初创时的9家迅速扩大到29家，打破了外资火险公司的垄断局面。1917年"华商火险公会"更名为"华商水火险公会"，1946年又整合为"上海市保险商业同业公会"。火险业的发展促进了城市消防分工和理赔业的建立。

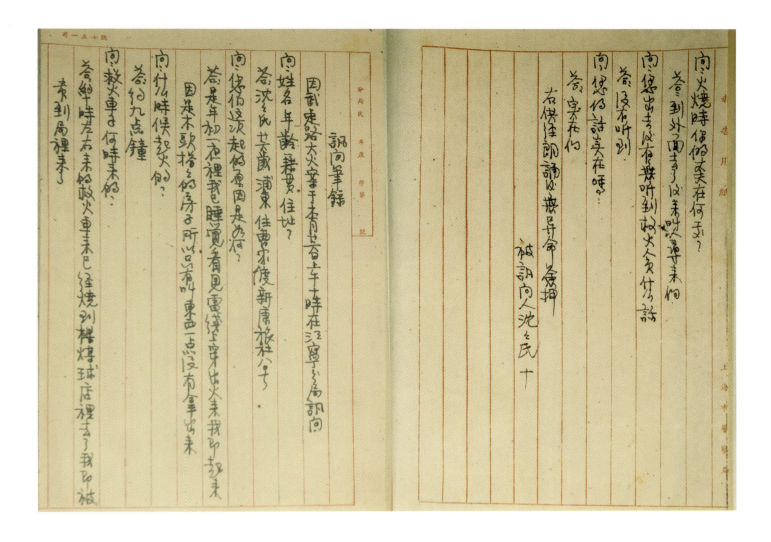

武定路大火调查卷宗

尺寸：13×19cm
材质：纸质

1947年1月22日（农历丁亥年正月初一）晚9时53分，武定路与陕西北路交界处的民宅起火，大火从夜里10点一直烧到次日下午3点，陕西北路弄内12幢联体洋房被烧得一干二净。当晚风势不大，天又下着雨，且该处房屋相互隔离，火势居然烧了这么久，在社会上引起轩然大波，各界民众纷纷指责消防警察的渎职行为。1947年1月28日，也就是火灾后的第六天，火灾调查委员会正式成立，并由市长吴国桢主持召开第一次会议。上海消防博物馆收藏了相关的调查卷宗。

民间消防队袖标

尺寸：9×3.8cm
材质：布质

新中国成立后，上海市民人心振奋，对人民政府发出的全民防火的号召积极响应。据1951年4月统计，人民消防队已有506个，人数为11522人，配备机动泵117台，人力泵66台，水带25万尺。人民消防队是对公安消防力量的有力补充，在防火救灾中发挥了重要作用。消防博物馆收藏了当时民间消防统一制作的一些消防袖标。

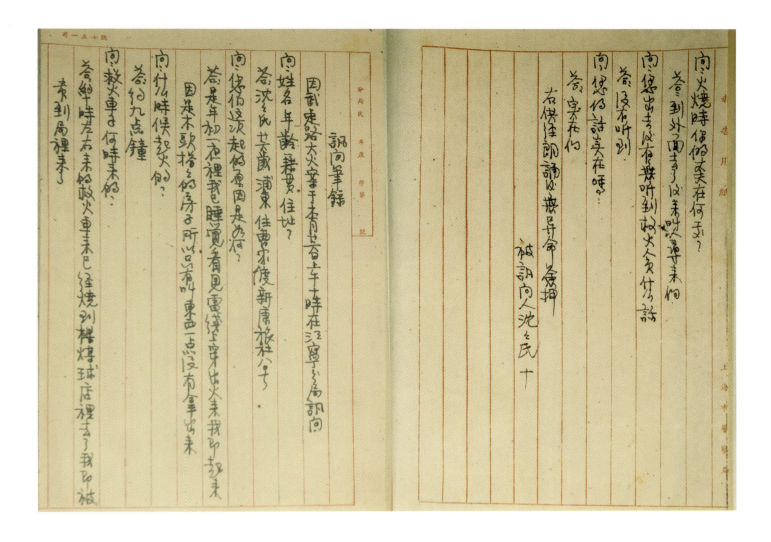

火警通讯台

尺寸：119×74×127cm
材质：木质

20世纪50年代，上海建立了统一的消防指挥中心。将一部50门套电话式总机，扩至两台50门总机，使全市任何地方拨"63070"或"00"都可报到这个中心来。中心通过总机与各个消防队、各个公安分局和自来水公司、救护大队等直接通话。中心与消防队，除直线电话外，另有一对火铃线，中心按动电钮，相应分队的火警电铃便会响起。中心还与一些重要的公共娱乐场所和工厂企业设有直线报警电话。

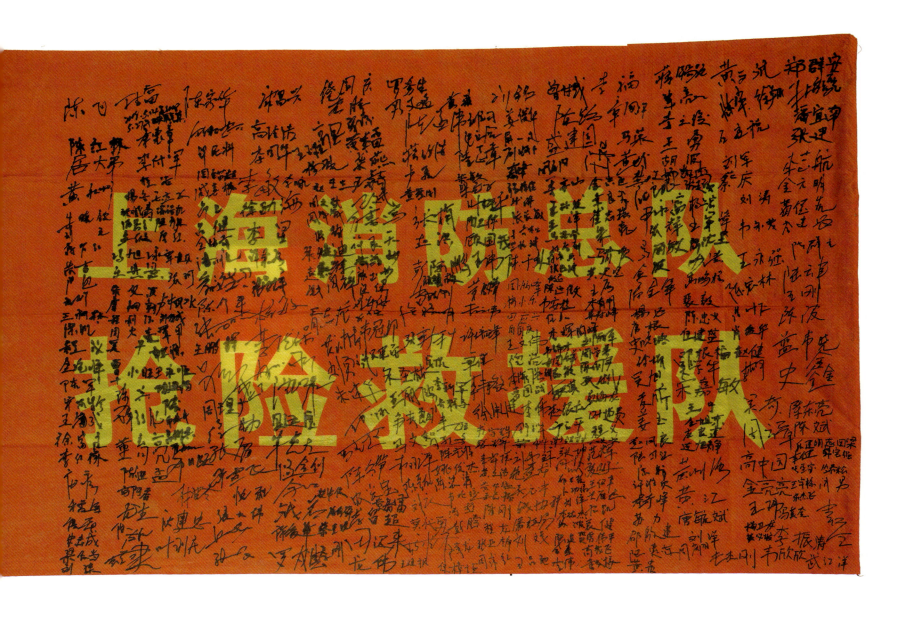

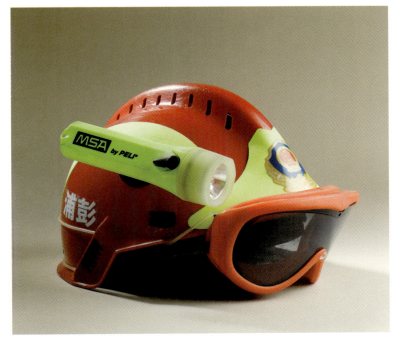

上海公安消防总队地震应急救援队队旗、救援头盔

尺寸：191×110cm（队旗），深28cm宽23cm高21cm（头盔）

材质：布（队旗），塑料（头盔）

2008年"5.12汶川大地震"发生后，上海消防总队奉令抽调最精干人员组建了"上海公安消防总队地震应急救援队"，携带救援装备，于5月13日、14日分两批奔赴四川灾区实施救援。广大官兵牢记使命，在当地交通中断的情况下，经过14小时不间断的徒步跋涉，抵达地震重灾区汶川县映秀镇，第一时间投入救援。救援队员发扬特别能吃苦、特别能战斗、特别能奉献的优良传统，冒着生命危险，日夜奋战。5月22日上海公安消防总队地震应急救援队完成救援任务，返回上海，6月3日将队旗、救援头盔移交至上海消防博物馆保存。

上海民政博物馆

民政的历史源远流长。唐代即有"安民立政"之说。末代开始使用"民政"概念。清光绪三十二年（1906），清政府始改巡警部为民政部，并规定其职责为地方行政、地方自治、户籍、礼制、风教、荒政、地政、营缮、卫生、图志、寺庙等项。从此，民政部门纳入各级政权机构的序列。上海是中国最大的经济中心城市，也是国际著名的港口，并正在崛起成为国际经济、金融、贸易中心之一。如今，上海全市共设有16个区、1个县，总面积6430.5平方公里。至2013年10月末，全市常住人口超过2500万人，其中军队离退休人员、城乡社会困难户、救济户、孤老幼残等民政服务对象人数众多。随着历史的演变，民政工作已形成以社会保障、社会救助和基层政权建设为主体的对各项社会事务进行管理的社会行政工作体系，承担着解决社会问题，保障群众生活权益，维护社会经济协调发展和社会稳定的重要任务。

上海民政博物馆是中国第一家民政博物馆，位于黄浦区普育西路105号，馆舍为原上海儿童福利院1号楼旧址，馆内展示了民国时期、建国初期、改革开放时期这些不同时代不同的结婚证、居住证、暂住证等。清乾隆三十二年的"执业田单"、1932年鄂豫皖地区的"优待券"、1950年4月13日出版的我国第一部《婚姻法》、1953年陈毅市长亲笔签名的"任命通知书"原件……1300余件展品弥足珍贵，展示了"安民立政"追寻幸福所经历的种种制度变迁。

上海民政博物馆总建筑面积1200平方米，展厅面积800平方米。题为《以人为本、以人和为目标——上海民政历史文化发展陈列》的基本陈列，由序厅、历史文化、业务专题、区县民政、民政英模和民政信息六大板块构成，展览运用了灯箱、雕塑、模型、绘画、模拟场景、多媒体演示等多种展示手段。

展览宣传了新中国成立后上海民政60多年来取得的辉煌成就，颂扬了关心支持上海民政事业发展，并做出重大贡献的上海社会各界人士。民政博物馆以文物为基础，重点突出"民生"主题，从而使广大市民了解民政、理解民政、支持民政。

清代江南松江府南汇县长人乡安稳堂碑刻

长人乡，原松江府华亭县古乡之一。元至元二十八年（1291），经中央政府批准，分华亭县东北境高昌、长人二乡全部与北亭、海隅、新江三乡各半，成立上海县。清雍正四年（1726），析上海县长人乡分设南汇县。1958年南汇县划归上海市管辖，2001年撤县设区，2009年南汇区并入浦东新区。这方清代碑刻，是清代松江府南汇县长人乡安稳堂的遗物。

乾隆三十二年上海县办粮执业田单

清代由政府核发的"执业田单"，即当时的土地权属证书，征税执业和土地买卖均以此单为准。这是清乾隆三十二年（1767）民间置买田地，向江南松江府上海县申请核发的一份办粮执业田单，为清代早期上海地区的行政区划提供了佐证。

民国元年宝山县民政长签发的执业方单

清同治二年（1863），另发"执业方单"，是土地所有者办粮纳税的营业执照。这是民国元年（1912）由江苏宝山县民政长签发的执业方单，反映了辛亥革命前后上海地区行政区划的情况。

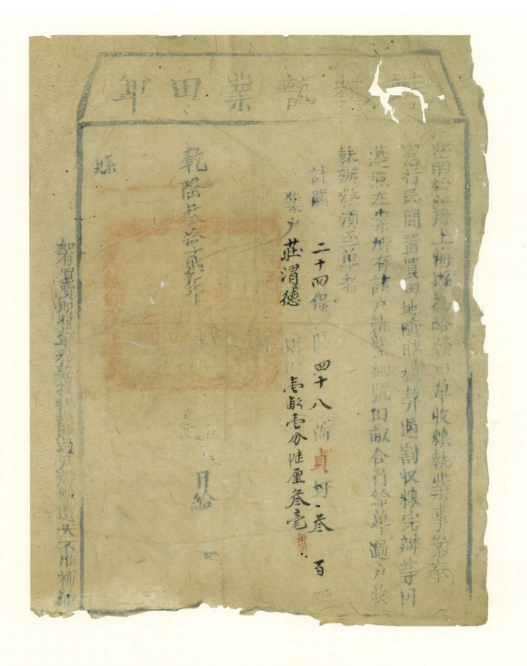

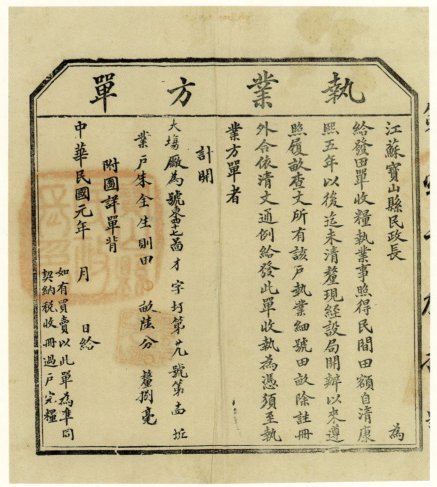

民国时期松江育婴堂木橱和椅子

在古代，一些贫困人家生下儿女无钱抚养，只能遗弃路边。为此，一些经济较为发达的地区，由地方士绅集资设立育婴堂，收养贫病孤儿。松江育婴堂始建于清康熙、乾隆年间，初址在白龙潭，后迁建水云亭，不久均废。嘉庆十四年（1809）重建，光绪三十二年（1906）附设蒙养院，是为松江地区最早的幼稚园。清末宣统年间改称广育院，1946年合并于江苏省松奉金青上南川七县社会救济院。这两件刻有"育婴堂"字样的木橱和座椅，都是当时这家慈善机构的遗物。

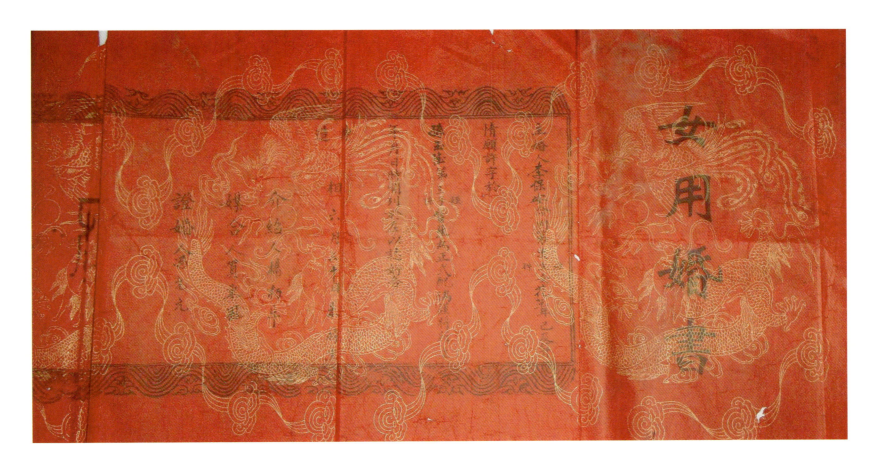

洪宪元年"女用婚书"

婚书是旧时婚姻的法律凭证,其中男家出具的叫乾书,女家出具的叫坤书。进入民国后,随着新式婚礼的普及,旧式婚书已不再流行。新中国成立后,国家颁布婚姻法,每对新人必须依法登记结婚,领取结婚证,婚书彻底退出历史舞台。此份女用婚书是1916年女方父亲提交给男方父亲的书面契约。1915年12月25日,袁世凯复辟称帝,以1916年为洪宪元年。但在一片反对声中,不久即取消帝制,只做了83天皇帝。因此,凡标有洪宪纪元的物件都非常稀少。

近代结婚证书

錦繡前程

章守之浙江省吳興縣人年二十八歲
公元一九二四年一月二十日午時生
顧慧芝江蘇省上海市人年二十一歲
公元一九三三年十一月十八日戌時生
今由
朱品淳先生介紹謹詹於
施亦政先生介紹謹詹於
公元一九五一年十月七日下午四時在
上海紹興公縣花盤同鄉會舉行婚禮恭請
裴元鼎先生證婚佳偶天成良緣永締
情敦伉儷願相敬之如賓祥叶蔤麟
定克昌於厥後同心同德宜室宜家
永結鴛儔共盟騰牒此證

結婚人 章守之 顧慧芝
證婚人 裴元鼎
介紹人 朱品淳 施亦政
主婚人 章仰之 顧志剛

公元一九五一年 十月七日

辛亥革命之后，随着近代西方资产阶级恋爱观、婚姻观、家庭观的影响，传统的"父母之命，媒妁之言"婚姻习俗受到很大冲击，新的婚姻方式得以逐步推广。根据民法规定，"婚约应由当事人自行订立"。喜结良缘的新人，往往喜欢签署一份结婚证书。不过，这种结婚证书并不具有法律效力，其实质是见证双方爱情的纪念品。

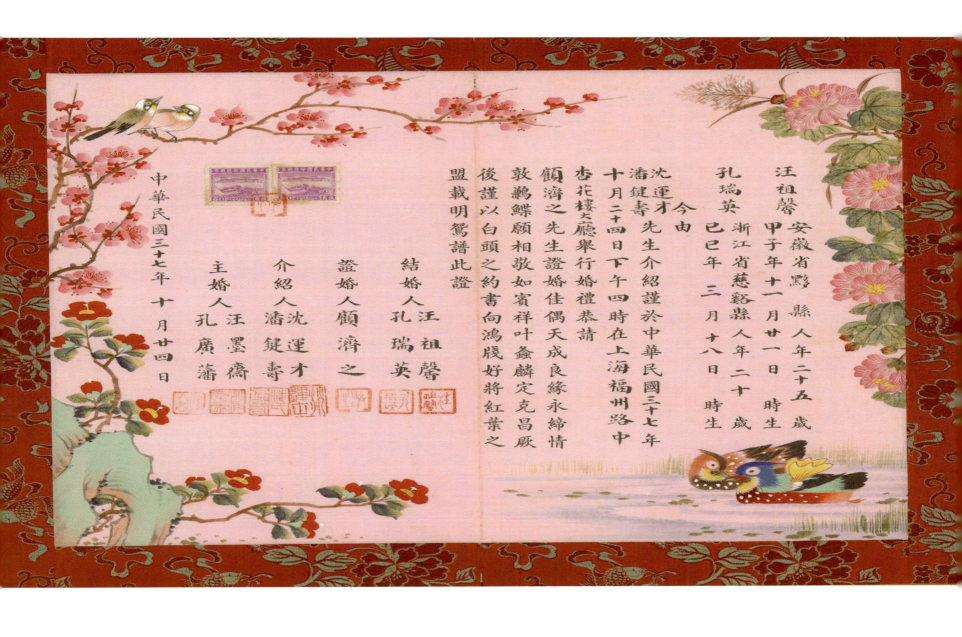

汪祖馨　安徽省黟縣人年二十五歲
甲子年十一月廿一日　時生

孔瑞英　浙江省慈谿縣人年二十歲
己巳年　三月　十八日　時生

今由

沈運才
潘健壽
先生介紹謹於中華民國三十七年

十月二十四日下午四時在上海福州路中

杏花樓大廳舉行婚禮恭請

顧濟之先生證婚佳偶天成良緣永締情

敦鶼鰈願相敬如賓祥叶螽麟定克昌厥

後謹以白頭之約書向鴻牋好將紅葉之

盟載明鴛譜此證

證婚人　顧濟之

結婚人　汪祖馨
　　　　孔瑞英

介紹人　潘健壽
　　　　沈運才

主婚人　汪墨卿
　　　　孔廣蕃

中華民國三十七年　十月廿四日

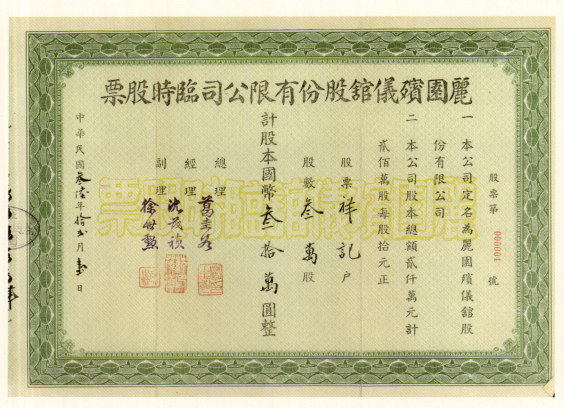

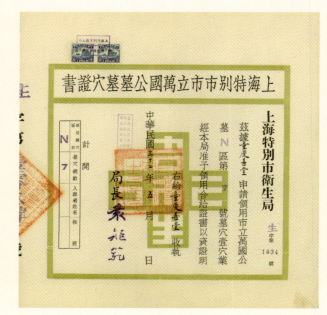

1 丽园殡仪馆股份有限公司临时股票
2 庙行公墓墓穴证书
3 永茂产业股份有限公司墓穴证书
4 上海市民政局殡葬管理所墓穴证书
5 上海特别市市立万国公墓墓穴证书

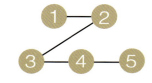

民国时期殡仪馆股票和各种墓穴证书

近代以后，传统的丧葬习俗发生了极大的变化。一方面是受西方影响，一方面是城市社会的需要。例如，使用西方哀乐、花圈、黑纱、追悼会等西式丧仪自19世纪末20世纪初开始在上海等通商口岸出现并流行。在城市社会，人多地少，加上人口密集，卫生问题日益突出，传统乡土社会的停丧久葬、土葬和大操大办，不再是上海等城市的主流丧葬习俗，而殡仪馆、火葬场、公墓等现代丧葬方式逐渐进入了百姓的日常生活。

民国时期北站区第三一保办公处、第十五区第十二保办公处、十五区第十九保第七甲甲长办公处木牌

1945年8月抗日战争胜利后，国民政府立即收复上海。11月底，市政府为调查户口编制保甲，决定在市下设区。12月25日，全市按先行接收的警察分局范围划分为29个区。其中，第十五区为北站区，东起西宝兴路、宝山路、河南北路一线，南沿苏州河，西至和田路、百禄路、西藏北路，北抵中山北路，面积为2.4平方公里。1956年，北站区撤销建制，并入闸北区。这三块木牌，是反映民国后期国民党政权在上海实行保甲制度的实物。

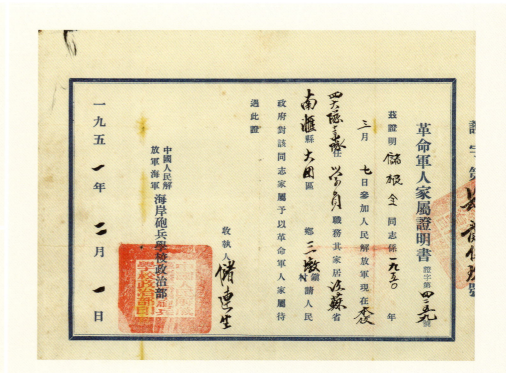

上海市人民政府民政徽章

1949年5月上海解放后，市军管会政务接管委员会民政接收处和福利接管组全面接管了旧上海民政系统。8月24日，上海市人民政府民政局成立。这枚徽章是当时民政接收处工作人员佩戴的证章。

上海临时联合救济委员会徽章

上海临时联合救济委员会成立于1949年4月25日，是在中共上海地下党领导下的群众性公益团体。这是当时上海临时联合救济委员会会员使用的徽章。

三野、四野革命军人证等

对现役军人、伤残军人、退出现役的军人，以及烈士家属、牺牲或病故军人的家属、现役军人家属实行物质帮助和精神安抚的规定和办法，简称优抚制度。早在1932年1月，中华苏维埃共和国政府颁布了《中国工农红军优待条例》，优抚工作由此形成制度。在抗日战争和解放战争时期，各抗日民主根据地和解放区人民政府，根据本地区实际情况，先后制定和颁布了优抚工作条例。中华人民共和国成立后，优抚工作由各级民政部门负责。这是中国人民解放军三野和四野部队分别签发的革命军人证明书。

第一版《中华人民共和国婚姻法》

1950年5月1日颁布实施的《中华人民共和国婚姻法》，是新中国第一部具有基本法性质的法律。共8章27条，包括原则、结婚、夫妻间的权利和义务、父母子女间的关系、离婚、离婚后子女的抚养和教育、离婚后的财产和生活及附则。内容以调整婚姻关系为主，同时涉及家庭关系方面的各种重要问题。《婚姻法》的实施，对规范婚姻登记、保护妇女权益、提高妇女地位、提高婚姻质量等，都起到了积极的作用。

沪剧《铁树开花》宣传读物

第一部《婚姻法》颁布以后，为配合宣传，上海戏曲界于1953年创作了沪剧新戏《铁树开花》。该剧反映了青年男女反对封建婚姻，争取自由恋爱的权利。

1954年的离婚证

以前，男女双方解除婚姻关系，或是一纸休书，或是登报公开声明，并不需要向政府机关申领什么证书。新中国成立后，根据《中华人民共和国婚姻法》的规定，"男女双方自愿离婚的，双方应向区人民政府登记，领取离婚证"。离婚证是男女双方合法解除夫妻关系的法律文书，领取离婚证之时就是夫妻关系终止之日。这是1954年由上海市北四川路区人民政府签发的离婚证书。

104

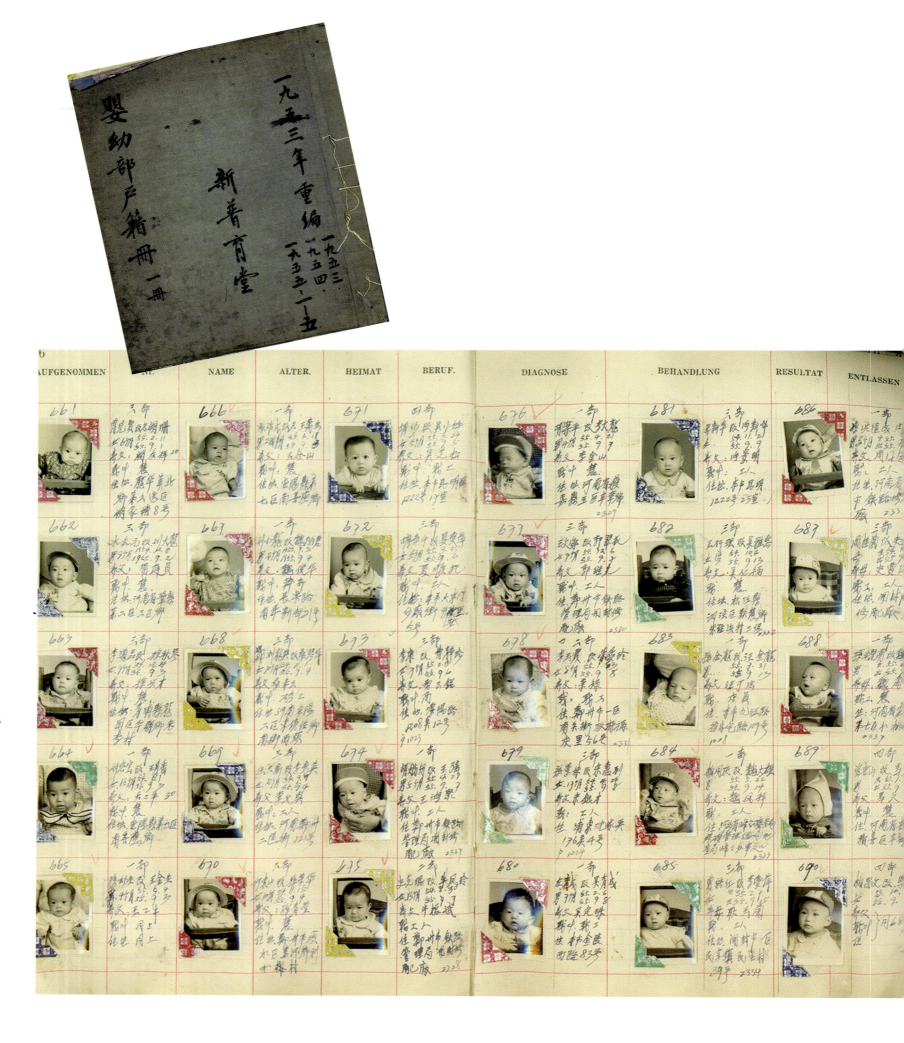

新普育堂婴儿户籍簿和照片册

清末,上海旧城大南门外原有普育堂,收养残废贫病男女。1912年,由市议会公推天主教徒陆伯鸿加以扩建,在陆家浜畔普安亭义冢辟地百余亩,建造堂院,取名新普育堂。堂务委托法国仁爱会修女管理,内分男女贫病院、男女老人院、男女残疾院、男女贫儿院、男女疯人院,还有女寄养所、育婴院、传染病院、施诊所,并附设小学和习艺所。上海解放后,市民政局接管了新普育堂,后改名为上海市儿童福利院。这是1955年至1956年新普育堂收养孤儿的户籍簿和部分婴儿照片。

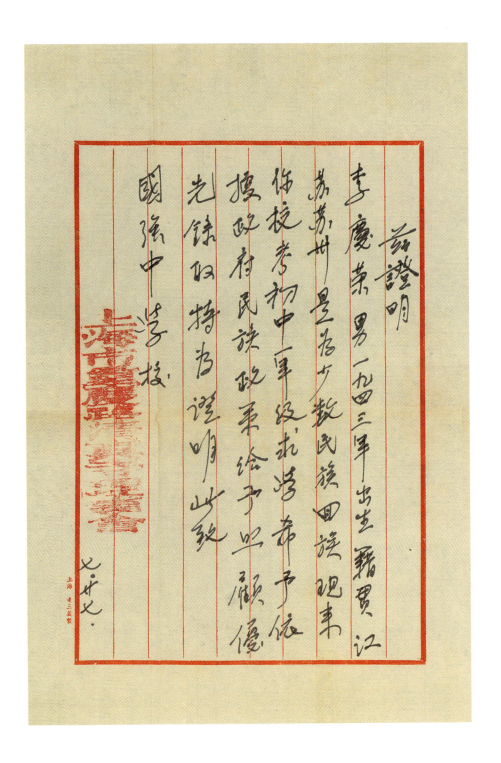

少数民族身份证明书

为促进少数民族政治、经济、文化等各项事业的全面发展，中国政府制定了一系列民族政策，在生育、升学、就业等方面给予少数民族一定的优惠。这是上海市重庆路清真寺为一名回族学生就读国强中学所开具的证明材料。

20世纪60年代上海市社会福利工厂车间场景的玻璃底片

底片，又称菲林，早期摄影多使用玻璃作为底片。将感光剂溴化银涂抹在平板玻璃上，经过曝光，银离子还原为银原子，就成了图像的黑点。再用定影剂，把没有曝光的溴化银晶体溶解掉，一张成像的黑白玻璃底片就形成了。19世纪晚期，塑胶工业技术成熟，压成薄片的胶片逐渐取代了玻璃底片。如今，保存完好的玻璃底片已非常少见。这件20世纪60年代的玻璃底片，是上海地区社会福利工厂车间的生产场景。

1987年版中国社会福利有奖募捐奖券

新中国的福利彩票事业是在顺应改革开放形势、关爱困难群体的背景下诞生的。1987年，为了"团结各界热心社会福利事业的人士，发扬社会主义人道主义精神，筹集社会福利资金，兴办残疾人、老年人、孤儿福利事业和帮助有困难的人"，中央批准向全国发售中国福利彩票。6月3日，中国社会福利有奖募捐委员会在北京成立。7月，天津市造币厂印制出新中国第一张福利彩票——中国社会福利有奖募捐奖券。随后又设立了中国福利彩票发行中心作为发行机构。

《上海风采》福利彩票摇号机

1998年4月4日，由中国福利彩票发行中心发行，上海市福利彩票发行中心承销的《上海风采》传统型福利彩票，正式在上海销售。每套彩票30万张，每张面值5元。6月8日进行第一期摇奖。同时，还推出了《上海风采》珍藏集。为发行一套彩票推出一本珍藏集，这在福利彩票发行史上还是第一次。

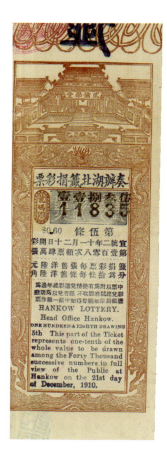
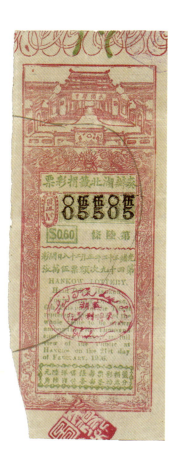

光绪三十二年奏办湖北签捐彩票、宣统二年奏办湖北签捐彩票

1901年，清朝政府被迫签订《辛丑条约》，赔偿列强白银4亿5千万两，本息折合白银9亿8千多万两。这笔巨款分摊到各省，无疑也加重了地方政府的负担。面对财政拮据的严重困难，湖广总督张之洞开始推行增加捐税的苛政，并在湖北全省城镇"开办房捐、铺捐"和"签捐"。其中"签捐"就是以发行彩票的形式来筹集钱款。1902年12月，在张之洞的倡议下，湖北成立了签捐所，专营彩票业务，并在各司、道、府、州、县建立承销网点。这两枚"奏办湖北签捐彩票"是很难见到的珍品。

民国十五年国民政府财政部第二次有奖公债

有奖公债是一种以抽签给奖的公债形式发行的彩票。一般不计利息或仅给极低的利息，以省下来的利息移作奖金。这是1926年广州民国政府财政部为开辟黄埔商港而专门发行的第二次有奖公债。

1932年鄂豫皖苏维埃政府优待牺牲战士家属领银粮券

这是一张1932年鄂豫皖革命根据地发行的优待券，凡英勇牺牲的红军战士家属可凭券领取相应的银元和粮食。整张票面由上下两部分组成，总共包括8张有价证券。上半部分为领银券"银元三元"1张、领粮券"稻谷三十"1张，中央印有"使用规则"，四角印有"红军万岁"标语口号；下半部分为领银券"银元一枚"3张，领粮券"稻谷十斤"3张。这是我国粮票和钱币史上唯一的"钱粮合一"票券，也是反映我党早期优抚工作难得的实物证据。

上海邮政博物馆

在上海黄浦江与苏州河交汇处，四川北路桥头，一座沿袭了欧洲折衷主义风格的雄伟建筑已矗立了近一个世纪。英国古典主义的建筑主体沉稳含蓄，古希腊科林斯式的巨柱威严挺拔，意大利巴洛克风格的钟塔凝眸俯视，仿佛一位饱经风霜的老者见证着上海百年繁华沧桑。这就是闻名遐迩的上海邮政总局大楼，也是上海邮政博物馆最珍贵的文物、最鲜活的展品。

始建于1922年，建成于1924年的上海邮政大楼为全国重点文物保护单位，上海市优秀建筑，是全国唯一仍在使用并独具邮政特色的标志性建筑。目前，大楼三、四层为上海邮政总部办公地，室内设有24只不同材质、风格迥异的壁炉，堪称经典。二层沿苏州河一面则是被誉为"远东第一大厅"的邮政营业厅，顺着金色旋梯拾阶而上，一个偌大的欧洲风格"宫廷"尽现眼前：色彩素雅而充满古典韵味的马赛克地砖，高高的天花板上垂下的花形大吊灯，营业窗口泛着古铜光泽的雕花护栏，别样的精致、高贵却又内敛，仿佛置身于上世纪二三十年代，还有不少老上海还特意从大老远赶到"总局"营业厅，写一张明信片，寄一个包裹，盖一个纪念戳……

2003年，上海邮政对年逾80的老大楼进行恢复性修缮，同时着手邮政博物馆建设。在大楼二层设主题展厅，底层中庭展陈各时期邮运工具模型，并建有大清邮局和邮政未来影厅，在五层U字型屋顶上建造观景花园。2006年，上海邮政博物馆向社会公众免费开放。主题陈列展区分为起源与发展、网络与科技、业务与文化、邮票与集邮四大板块，以翔实的史料、生动的照片、代表性实物、场景与模型，运用声光电技术和多媒体展示手段，追溯了从古代通信、邮驿历史、近代邮政一直到今天的现代化邮政的轨迹；记载了上海邮政早期党组织领导职工运动以及革命先辈为新中国诞生做出的贡献；记录了劳模先进为邮政事业发展鞠躬尽瘁的业绩；弘扬了上海邮政悠久丰富的企业文化；介绍了不断完善发展的邮政业务和服务产品；展出了种类繁多的各时代邮票，其中不乏稀世罕品和世界珍邮。久远的历史仿佛一幕幕重现，延伸出一条连接远古的驿道，打开了一扇了解上海邮政和城市文明进程的窗口。

不仅如此，还有一些曾经生活在大楼里人和事也值得回味。美国人卓娅，上世纪30年代随当时在上海邮政工作的父亲来沪，在邮政大楼生活了14年。2005年她通过美国洛杉矶报纸得知上海邮政博物馆筹建的消息后，将她收藏多年的老照片、珍贵邮票等捐赠给了博物馆。2006年4月，年近八旬的卓娅应邀重游邮政大楼，回到了她的"邮政老家"，追忆了她美好的青少年时代，并且与儿时的伙伴在时隔60多年后重又相聚。博物馆展出的卓娅手绘的邮政大楼图稿、老照片以及相关邮票，给邮政博物馆增添了浓浓的人文情怀。

如今，历经世代的变换和岁月的洗礼，上海邮政大楼已不再光鲜亮丽。但她的古朴大气、庄重典雅、低调奢华，总能吸引人们驻足凝望，一探究竟，想更多了解这幢大楼的历史、邮政的兴衰与发展，以及建筑背后的那些故事。

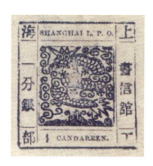  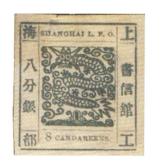

黑便士邮票

黑便士是世界上第一枚邮票。由英国政府于1840年5月1日在伦敦出售，5月6日开始使用。因用黑色油墨印刷，面值1便士，故被称作"黑便士"。邮票以维多利亚女王侧面浮雕像为主图。顶部中间有"POSTAGE"（邮资）字样，左右两角是交叉十字图形，底部中间是面值"ONE PENNY"（1便士）。整版黑便士邮票总共240枚，横12枚，竖20枚。上海邮政博物馆所藏这枚黑便士邮票，下部左右印有字母E和L，代表该枚邮票位于整版的第五行第十二枚。

上海书信馆工部大龙邮票

所谓的书信馆实际就是列强在我国境内擅自开办的地方邮局，由书信馆发行的邮票就叫做"商埠邮票"。1865年8月，上海公共租界工部局书信馆发行了第一套商埠邮票，主图为一条龙，因此被称为"工部大龙"。该套邮票总共8枚，面值分别为一分银、两分银、三分银、四分银、六分银、八分银、一钱二分银、一钱六分银。工部大龙是中国境内发行的第一套邮票。此后，汉口、九江、镇江、芜湖、南京、威海卫等地的书信馆也印制发行了各种邮票，直到1896年3月20日清政府正式开办国家邮政，各地书信馆相继关闭，商埠邮票这才停止发售。

海关大龙邮票

1878年，海关总税务司赫德经总理衙门授权，指定津海关税务司德璀琳试办邮政，并在北京、天津、上海、烟台和牛庄（营口）五处设立邮政机构，收寄民众信件。上海海关造册处奉命以蟠龙为图案，印制了一套三枚邮票，面值分别为绿色一分银、红色三分银和黄色五分银。这是中国自行发行的第一套邮票，集邮界习惯称为"海关大龙"。大龙邮票为铜质版模，先后分三期印刷发行，可按纸质和票幅的差异分为"薄纸大龙"、"阔边大龙"和"厚纸大龙"。上海邮政博物馆所藏的这套大龙邮票属于"薄纸大龙"，是1878年至1882年印制的第一期大龙邮票。

1901年客邮局明信片

鸦片战争以后，英、法、美、日、德、俄等国先后在中国沿海口岸及一些大中城市私设邮局，这些非法开设的邮政机构被称为"客邮"。客邮局在中国的领土上行使自己的邮政章程，不仅收寄国际邮件，还收寄口国国内互寄邮件，贴用外国邮票，加盖外文地名戳，严重侵犯了中国的主权。1922年华盛顿会议后，中国境内的客邮局陆续关闭。上海邮政博物馆所藏的这枚客邮局明信片，1901年由上海寄出，经法国"客邮"局，寄往奥地利波拉。明信片正面为山水风景，背面贴有两枚2分大清蟠龙邮票，一枚10分法国客邮邮票，加盖上海法国客邮戳和波拉9月29日落地戳。

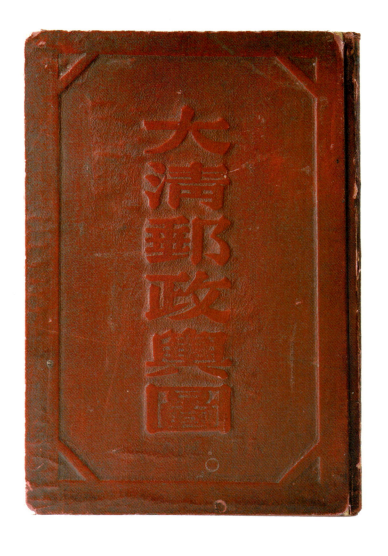
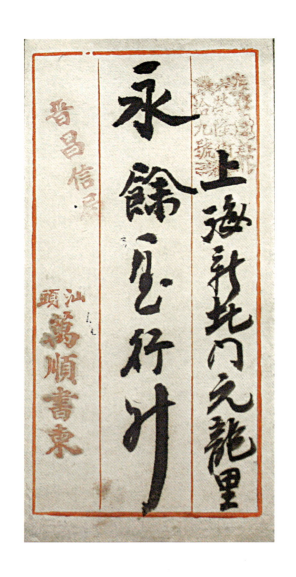

《大清邮政舆图》

邮政舆图即邮政地图，是为便于邮政运营服务，结合行政区划、邮运网络等特点编制的网络图。《大清邮政舆图》出版于1907年。其形状似书，自左向右翻阅，每左右两页构成一幅地图，方便查阅与保存。地图的首页与末页分别印有中文和英文目录，内含舆图总目，东三省图和关内的直隶、江苏、安徽、山东、山西、河南、陕西、甘肃、福建、浙江、江西、湖北、湖南、四川、广东、广西、云南、贵州18个省的省图，以及中国官职图和中国电线图，总共22幅地图。

20世纪30年代民信局实寄封

明永乐年间，出现了专为商民寄递书信的民办邮政机构，称民信局。清乾嘉时期，民信局开始在上海设立。光绪二十二年（1896），上海地区向官府办理登记手续的民信局有70家，约占全国民信局总数的四分之一，居全国首位。近代邮政开办后，民信局业务逐渐萎缩。1935年，上海的民信局全部被裁撤。这枚20世纪30年代的民信局实寄封，由广东汕头寄出，经上海"晋昌信局"，寄往上海新北门元龙里。左上方盖有"晋昌信局"红色章印，右上方可见"荣隆街十九号"的地址印记，周围还绘有各式花绘，甚为美观。

清末民初砝码天平秤

20世纪50年代前，收寄函件按重量收费，使用砝码天平秤称重。上海邮政博物馆所藏的这件砝码天平秤，清末民初开始使用。木制长方型底座正面有铁制"上海金通成造"标牌，反面用绿漆书写"邮政"两字。天平横轴左边连接一长方形托盘，专门放置信函；右边用三根铁链悬挂圆形托盘，用于放置对应的砝码。砝码为圆形，重量分别是10克、20克、40克、80克、160克。底座前端设有一圆形凹洞，可将砝码依次叠放其中，既节省空间，又不易丢失。该砝码天平秤做工精细，保存完好，存世较少。

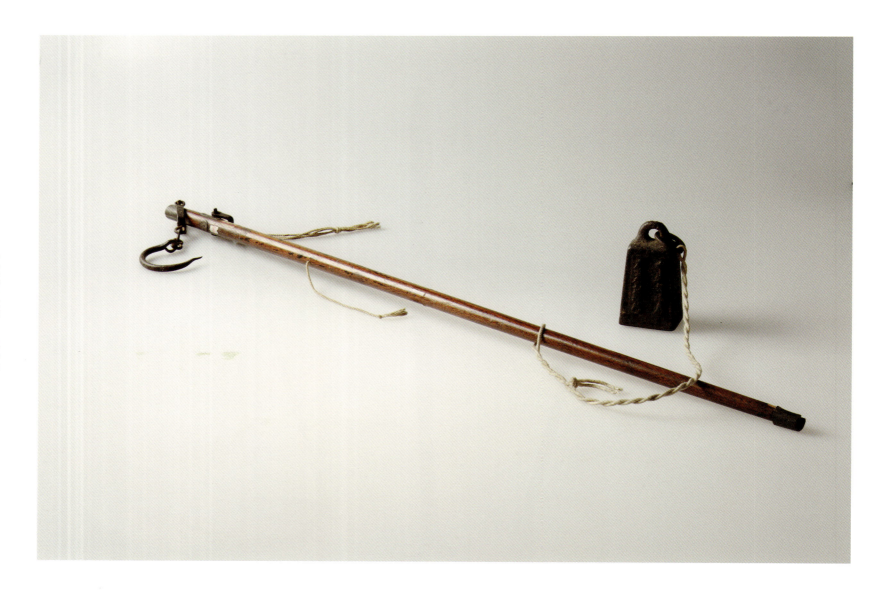

民国时期"邮"字杆秤

在20世纪50年代出现弹簧秤和磅秤之前，邮政包裹主要使用天平秤和杆秤称重。上海邮政博物馆所藏的
这件杆秤，形制与普通杆秤并没有什么两样，特别之处在于它的秤砣。该秤砣长4.2厘米，宽3厘米，高9.4厘
米，重约800克。两面均铸刻文字，一面为"邮"字和邮政标志，表示该秤为邮政专用，下方还标有"秤量十
公斤"的称重范围。另一面标有生产厂商的名号，因年代久远，字迹已模糊不清。

民国时期挂壁式邮政信箱

信筒、信箱是邮政的标志，是邮政为用户服务的渠道。上海邮政博物馆所藏的这件信箱，是民国时期专设于上海邮局门口墙上的挂壁式信箱。它不同于一般老式信箱，而是嵌入墙内的，分为投信口和箱体两个部分。投信口设在邮局外墙上，铸有"平常邮件"4个大字，以供用户投放平信。箱体正对投信口下方，嵌在邮局内墙。箱面设在邮局内部，由邮政职工按时开箱收取邮件。箱面铸有"邮政"两字，两侧置有开启信箱的频次、时间等信息表牌。开箱时，可将箱面从锁孔位置向下倾斜拉至45度收取信件。

民国时期邮政租用信箱

租用信箱是邮政的一项传统业务。信箱设置在邮局内，信箱编号可以代替地址进行通信。这是民国时期上海邮局的一组租用信箱，共有18格，按体积大小从上至下依次排列，以满足用户的不同需要。信箱前后两面都能打开，方便邮政职工分发邮件和用户取件。抗战期间，上海邮局地下党组织曾利用1741号信箱（位于第4排第1号），寄递进步书刊，接受党内文件和苏北根据地寄来的邮件。该信箱一直使用至1945年1月，不失为利用邮政工作特点和优势开展地下斗争的典范。

邮政储金汇业局徽章

中国邮政创办之初即开始办理汇兑业务，1908年起兼办储金业务。由于邮政机构遍布全国，它的储金汇兑业务已伸展到全国各地。1930年3月1日，国民政府在原来邮政局经营汇兑储金业务的基础上，成立邮政储金汇业总局于上海，规定凡中央、中国、交通三银行未设有分支行之地点，一切政府款项均由邮汇局转饬当地邮局代为办理。此枚徽章为铜质，饰有象征邮政的绿色彩漆，徽章主图案为篆书"邮政储金汇业局"，配组图案为篆书"储汇"二字。

华东人民邮政邮票

　　1948年初，华东邮政管理总局在济南成立，下辖山东邮政管理局和华中（苏皖）邮政管理局。1949年7月，在上海正式成立华东邮政管理总局，统一管理华东区内山东、江苏、安徽、浙江、福建和上海市的邮政业务。华东邮政管理总局曾发行华东人民邮政邮票约一百种。这是1949年8月由上海三一印刷公司以及大东书局分别印制的毛主席像邮票和中国人民解放军建军二十二周年纪念邮票。

退回寄件人 RETURN TO SENDER

GREAT WALL
STATION

YANG JINBING
POST MASTER
GREAT WALL STATION
CHINA PRC

南极长城站邮戳

南极长城站是中国在南极建立的第一个科学考察站，1985年2月15日建设全部完成，位于南极洲西南，乔治王岛南部。是中国为对南极地区进行科学考察而在南极洲设立的常年性科学考察站。1985年2月20日，随着我国南极长城站的建成,中国南极长城站临时邮政局也同时开业，此邮戳是迄今为止唯一一款有"南极"地名、在南极使用过的中国邮政普通日戳。另外，为满足集邮爱好者的需求，长城站临时邮政局还启用了一组纪念邮戳。

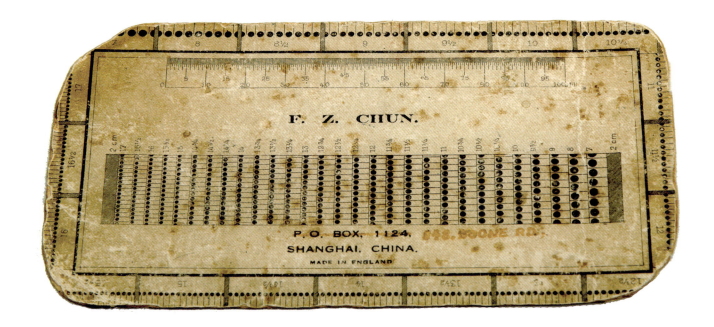

朱学范题词"中国报刊大全"印版

朱学范(1905—1996),上海金山枫泾人。原全国人大常委会副委员长,民革第七届中央主席。1924年进入上海邮政局工作,1927年后历任上海邮务工会执行委员、全国邮务总工会常务委员。新中国成立后,出任邮电部部长,为中国邮电事业的建设和发展做出了重要贡献。这是朱学范同志为《中国报刊大全》题写的刊名。《中国报刊大全》,主要刊登报刊的名称、性质、内容、邮政编码、地址等信息,是汇集全国报刊资料的工具书,每年出版一集。

早期邮票齿孔测量卡尺

齿孔是邮票的标志性特征,也是辨别邮票版式的重要依据,因此量齿尺是集邮爱好者必备的工具。但早期的邮票是没有齿孔的,需要用剪刀把整版邮票一枚枚剪开,相当麻烦。1854年,英国发行了第一枚带有齿孔的邮票,大大提高了使用效率。1866年,法国集邮家勒格拉提出邮票齿度的概念,并发明了齿孔测量卡尺。这把邮票齿孔测量卡尺,是20世纪30年代上海邮商陈复祥(F.Z.CHUN)向英国一家公司专门定制的。

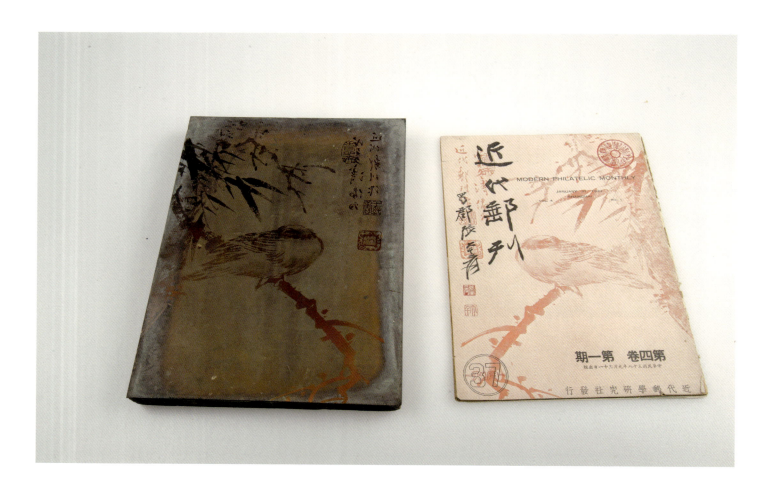

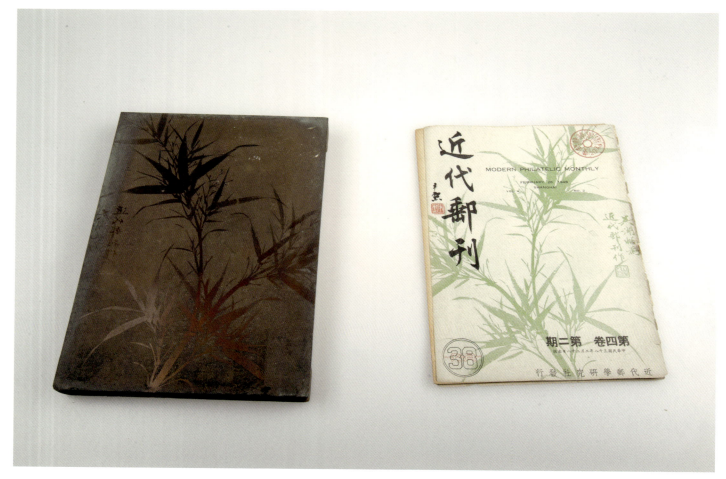

《近代邮刊》封面铜版（钟笑炉）

钟笑炉（1903—1976），广东花县人。著名集邮家。1916年来沪经商。他对解放区邮票和中华邮政时期邮票进行了系统的整理和研究，被誉为"近代票权威"。1946年，钟笑炉在上海创办《近代邮刊》，每月出版一期。第一卷每期4版，第二卷扩充为6版，从第三卷第一期起改为16开书本式，每期20到24版。钟笑炉曾邀请书画名家为邮刊封面题字作画。这是《近代邮刊》第四卷第一期、第二期封面的铜版，分别为溥儒、吴湖帆的花鸟画，由张大千、沈尹默题写刊名。

"绿衣红娘"邮票

红印花原是清朝海关的印花税凭证,面值3分,1886年由英国的一家印刷厂印制。大清国家邮政成立之后,因一时来不及印制邮票,曾将这批未曾使用的红印花票加盖相应面值改作邮票使用。其中,红印花加盖小字"暂作洋银贰分"试盖票,因使用绿色油墨加盖在红印花原票上,故被集邮者戏称为"绿衣红娘"。不过,绿色油墨在红色票底上显得不太清晰,正式发行时改成了黑色油墨。"绿衣红娘"作为试盖的样票,仅有少量流出,迄今存世量只有10枚。

"中华民国临时中立"邮票

1911年10月10日武昌起义爆发后,大清邮政总办法国人帛黎擅自决定在伦敦版蟠龙无水印邮票上加盖"临时中立"字样,表示邮政不属于南北两个政权。1912年2月24日,民国临时政府交通部指示中华邮政,将前清邮票加盖"中华民国"四字暂应急需。但是,邮政总办帛黎又以"节省费用"为借口,命令在横盖了"临时中立"字样的蟠龙邮票上再竖盖"中华民国"字样。如此不伦不类的邮票一经面世,即遭到全国上下一致抵制,"中华民国临时中立"邮票很快即告停售。

"中华民国光复纪念"邮票

辛亥革命成功,清帝逊位,袁世凯继任中华民国临时大总统,同时发行光复、共和两套纪念邮票。图案格式大致相同,光复纪念邮票中央为孙中山肖像,两侧绘有稻穗;共和纪念票中央为袁世凯肖像,两侧绘有麦穗。两套邮票之面值种类及刷色均相同,各为12枚。

"全国山河一片红"邮票

1968年9月"文革"期间,除台湾地区外全国29个省、直辖市、自治区均成立了革命委员会。为此,邮电部决定发行1枚面值8分的"全国山河一片红"邮票。11月23日,地图出版社一位编辑发现邮票上面的地图画得不准确,于是向有关部门反映了这一问题。邮电部急令各地邮局立即停售,原地封存销毁,但已有少量邮票流入市场。

"黑题词"邮票

为了纪念毛泽东为日本工人学习积极分子代表团题词6周年,邮电部计划于1968年9月18日发行一枚纪念邮票。该邮票面值8分,红底黑字,集邮界俗称"黑题词"。此票尚未发行,日本方面即发表声明,指责中国"输出革命"。这枚邮票随即被禁止发行,但河北保定、石家庄一带邮局已提前对外发售,流出量不足10枚。

"无产阶级文化大革命的全面胜利万岁"邮票

1968年10月1日,为纪念中华人民共和国成立十九周年,邮电部发行了一枚8分面值的纪念邮票。邮票主图是毛主席身穿蓝灰色中山装,站在天安门城楼上挥手致意,站在身后的林彪手持《毛主席语录》。城楼下面天安门广场红旗招展,是广大工农兵群众欢呼的场面。邮票下部横框内印有"无产阶级文化大革命的全面胜利万岁"字样。此票虽未正式发行,但新票、旧票均有存世。

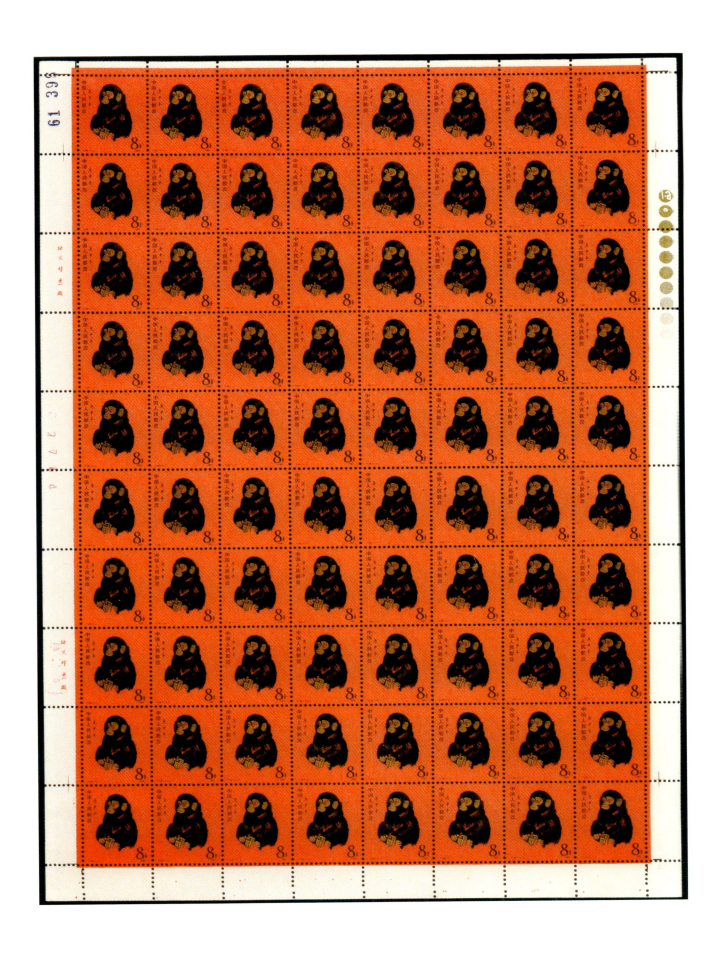

整版"生肖猴票"

生肖猴票，又称"庚申猴"，或称"金猴"，是中华人民共和国邮电部于1980年（农历庚申年）2月15日发行的生肖邮票。猴票是特种邮票，编号为T46，全套一枚，面值8分。图案是著名画家黄永玉绘制的金丝猴，背景为红色，由邮票总设计师邵柏林设计，采用影写版与雕刻版混合套印方式印刷。整版猴票为80张（8×10），发行量据猜测在360万枚至800万枚之间。猴票是大陆地区发行的第一张生肖邮票，图像美观，印刷精致，深受集邮爱好者欢迎。2011年，整版猴票的价格已涨到了130万元人民币。

上海电信博物馆

上海电信博物馆坐落于延安东路34号，原系1921年丹麦大北电报公司建造的电报大厦，而今成了浓缩上海电信百年发展的文化遗址。2012年被命名为"上海市爱国主义教育基地"。博物馆展陈面积近3000平方米，走入其中，市民可以通过参观一些珍贵的老设备、老照片，重温上海通信进步史中的点滴感动。

馆内陈列主要分五个部分，三楼有电报通信、市内电话通信、无线通信、长途电话通信四个展区，四楼是综合荟萃展区，真实记录了百年电信在曲折中发展，在奋斗中振兴，在改革中转型的风雨历程。上海是中国最早对公众开放电报业务的城市。1871年4月18日，丹麦大北电报公司在外滩开办电报业务，标志着上海电信业的开始。电报通信展区展示收发公众电报设备、转报设备的发展、传真设备和载波设备，以及辅助设备等单元；市内电话通信展区展示自1882年3月丹麦大北电报公司开通磁石电话交换所以来，上海市内电话通信的发展历史。无线通信展区展示不同时期使用的电台、真如发信台、收发信设备的发展、卫星通信、移动电话、无线寻呼以及集群电话等单元。长途电话通信展区展示长途电话、传输设备、DD系列设备、海底电缆等。综合荟萃展区

则展示了服务形象、员工今昔、新老局房、电信卡、电信上网卡以及各类电话号簿等。

陈列品以史料和实物为主要载体，展示从1871年第一条电报线进入中国后，上海电信业一百多年所走过历程，突出反映通信生产力的变化发展。在展示手段上，除实物、照片、文字、图表陈列，还运用了绘画、场景、模型以及先进的多媒体，丰富展示效能，营造出感性直观的认知氛围。展厅内还有融知识性、趣味性为一体的科普项目，供观众动手参与。在博物馆参观过程中，游客将体会到穿越时空的奇妙，比如从莫尔斯人工发报到卫星地球站建成，从长波电台开通到移动电话使用，从磁石电话出世到海底电缆敷设……展厅除陈列藏品外，还有一个16座的微型影视厅，与观众一起展望上海电信更为广阔的未来。

上海电信博物馆是认识上海电信发展历史、感悟电信百年风云的窗口，也是青年学生丰富相关历史文化知识、开展第二课堂教育的理想场所。走进上海电信博物馆，领略上海电信历史文化底蕴，感受电信百年沧桑巨变和国家命运、城市发展之间的内在联系。

丹麦大北电报公司创始人爱德华·史温生铜像

尺寸：45×30×80cm

1922年丹麦大北电报公司在上海爱多亚路（今延安东路34号）外滩新建了电报站大楼。为了纪念大北电报公司创始人、首任总经理爱德华·史温生（Edouard Suenson），公司特意制作了一座青铜坐像，安放在外滩新大楼的底层。铜像底部刻有"最早把电报传入中国的丹麦人"字句。1961年，铜像被运回爱德华·史温生的家乡哥本哈根。2011年6月23日，铜像在阔别外滩50年后，由丹麦大北电报公司捐赠给了上海电信博物馆，再一次回到早先安放的位置。

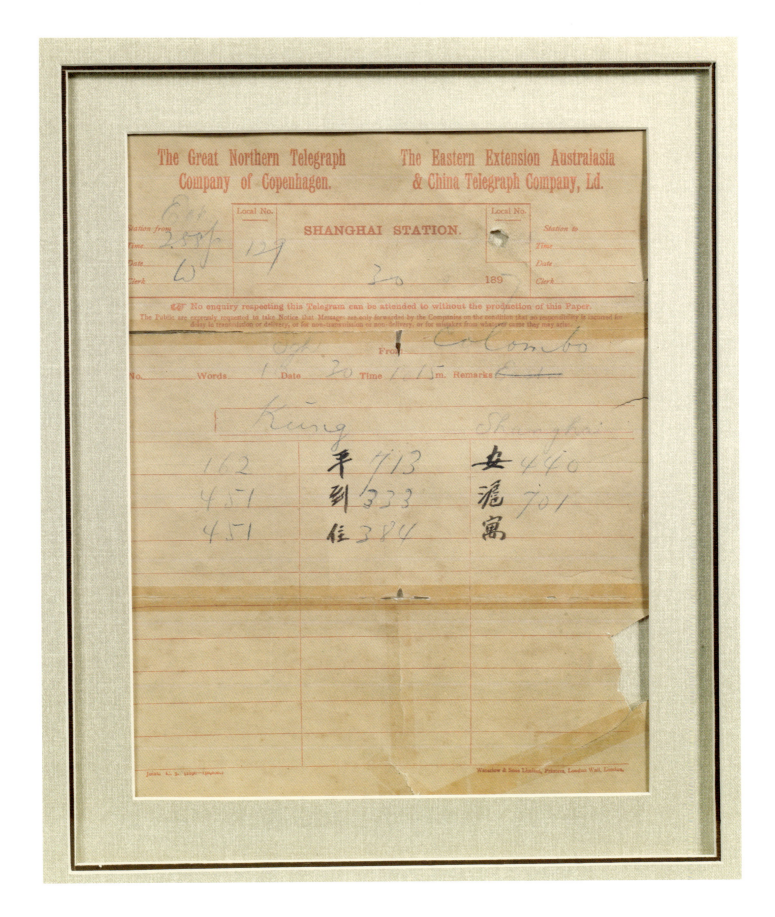

1897年丹麦大北电报公司上海站收到的电报

尺寸：22×28cm

大北电报公司是丹麦国际电报公司在中国开设电信公司所使用的名称。1869年由丹挪英电报公司、丹俄电报公司和挪英电报公司三家组成，总公司设于丹麦首都哥本哈根，股东绝大部分是英国的资本家和沙俄的皇室。这张已经泛黄发脆的电报纸，是1897年英属殖民地锡兰（今斯里兰卡）首都科仑坡发出的电报，由大北电报公司上海站接收并译电文，内容系"平安到沪住寓"家书。这是上海目前发现最早的大北电报公司电报纸。

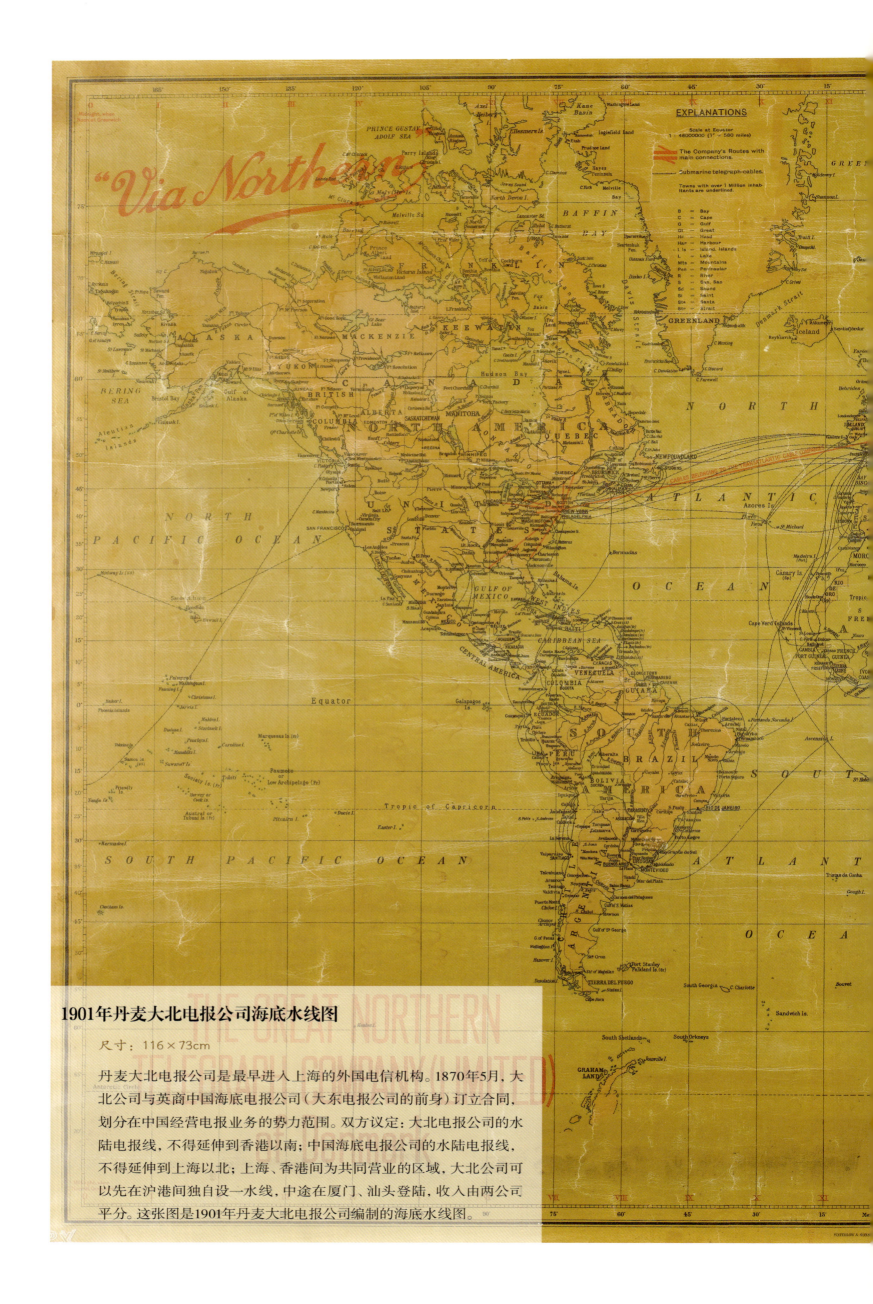

1901年丹麦大北电报公司海底水线图

尺寸：116×73cm

丹麦大北电报公司是最早进入上海的外国电信机构。1870年5月，大北公司与英商中国海底电报公司（大东电报公司的前身）订立合同，划分在中国经营电报业务的势力范围。双方议定：大北电报公司的水陆电报线，不得延伸到香港以南；中国海底电报公司的水陆电报线，不得延伸到上海以北；上海、香港间为共同营业的区域，大北公司可以先在沪港间独自设一水线，中途在厦门、汕头登陆，收入由两公司平分。这张图是1901年丹麦大北电报公司编制的海底水线图。

"电报沪局"石碑

尺寸：104×42×12cm

1881年3月，上海设立电报局，由郑观应任总办，局址在二洋泾桥北堍（今延安东路四川路口）。上海电报局初称上海电报分局，亦称电报沪局，隶属于天津津沪电报总局。1882年初，上海电报局迁至外滩8号（今四川中路126弄21号），改为官督商办，开始对外招股，故又称商电局。1884年，电报总局由津迁沪，此后二十余年上海一度成为全国电信中心。1924年，上海电报局搬到四川路B字21号（今四川中路200号）新址。抗战期间，上海电报局被迫停业。这是当时镶在上海电报局大门上的石质匾额。

19世纪末唐璧田使用过的水线测量仪器

尺寸：28×28×39cm

西门子股份公司创设于1847年，是全球电子电气工程领域的领先企业。1872年，西门子公司进入中国。这是西门子公司早期制造的一套水线测量仪器，主要用于检测电报水线传输质量，在19世纪末为我国电报界元老唐璧田先生所用。

1871年莫尔斯人手发报机

尺寸：20×15×10cm

1837年，美国人莫尔斯（Morse）以电流的"通"、"断"和"长断"代替文字传送信息，发明了世界上第一台电报机。早期的发报机，包括莫尔斯人工机、韦斯登快机和克里特快机，都用莫尔斯电码拍发电报，故统称为"莫尔斯电报机"。其中，莫尔斯人手发报机是最简单的电报机，发报员用电键发出的电码，收报员根据长短不一的滴答声译成电文。由于完全依赖人工操作，通报速率很低，但莫尔斯人工机设备简单，维修方便，工作性能十分稳定。

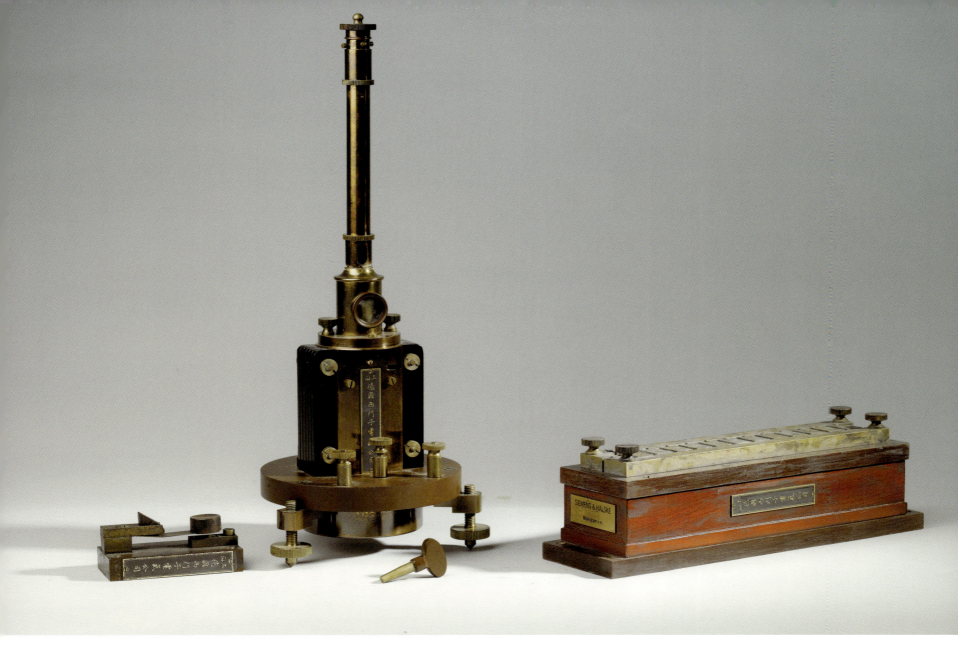

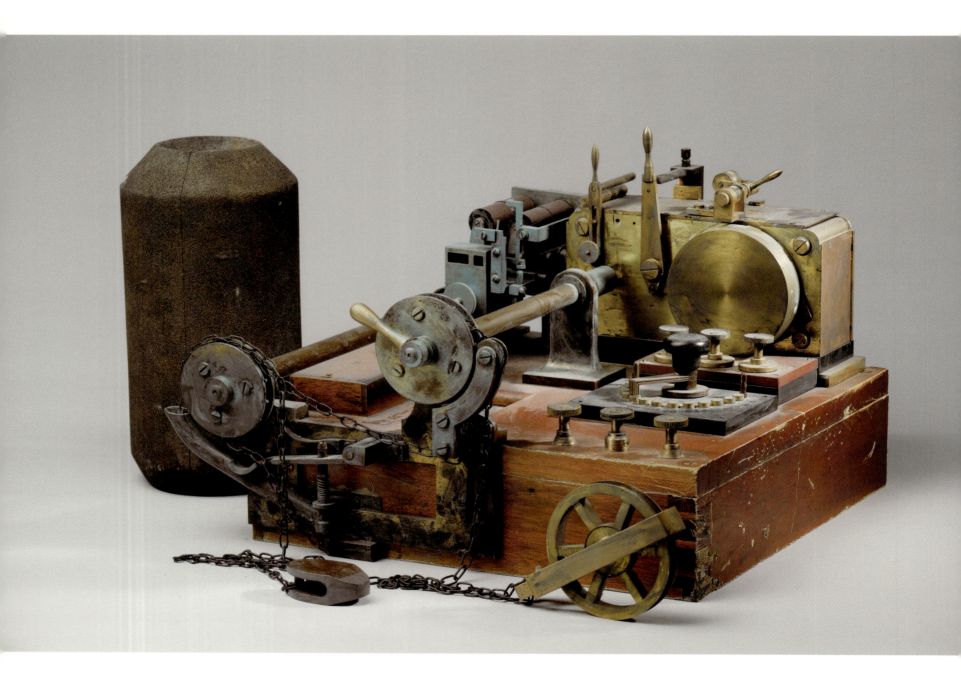

1914年韦斯登电报机

尺寸：50×30×20cm

1901年，上海电报局开始使用当时较为先进的韦斯登电报机，首先在天津、汉口电路上以单工方式工作。韦斯登电报机通称快机，包括三柱凿孔机、发报机和收报机。发报时不再使用电键，最高速度每分钟可发送300个电码组，远远超过了每分钟发送20个电码组的莫尔斯人工机。1916年6月，上海至汉口电路率先改以韦斯登电报机双工方式工作，使通报效率提高了一倍。

1933年克里特发报机

尺寸：49×30×32cm

克里特电报机包括键盘凿孔机、自动发报机和波纹收报机，还附有卷纸机、印字机。克里特机直接用键盘在纸条上凿出莫尔斯符号孔，然后送入自动发报机发报，收报方则用波纹收报机自动收报。1933年，上海电报局启用克里特电报机与南京进行双工方式通报。1934年，启用克里特高速度电报机在上海至烟台、汉口、天津等电路以及国际电台至上海电报局间通报。克里特机收发报的步骤，用机器代替了人工，因此大大提高了通报效率。

周瀛齊萬里與我國旦
夕息息相通者曰水綫電
掌之外人共國政矣今創
短波無綫大電台亦與萬
國樣通我之主也行政者
之責也凡百庶政憲於始
終程能以人赴岡或不成寧
短波電台爭弐碩國事援
攘而成止此良用愀歎宇
內稍寧倘有庶政畢舉之
日乎書此以昭予心之柳
柳焉

交通部長王伯羣奠石并誌

中華民國十有九年 三月二十一日

刘行收信台奠基石碑

尺寸：82×54×25cm

1927年南京国民政府成立后，为能独立办理国际通信业务，与世界各重要国家直接通报，决定在上海筹建国际电台。1928年12月，国民政府建设委员会在南市尚文路161号成立了国际无线大电台筹备处，并在真如、枫林桥、刘行筹建收发信台。1929年8月，交通部奉令统一管理全国无线电通信，接收了建设委员会所办的电台。1930年3月，枫林桥国际发信支台先行竣工，同年11月刘行国际收信台和真如国际发信台也先后竣工建成。

上海国际电台纪念徽章

尺寸：直径4cm

1930年12月6日，真如国际发信台举行了隆重的落成典礼，正式开通上海至旧金山的直达无线电报电路。国民政府交通部长和上海市党政要员、社会名流，及外国公使、领事等2000余人参加了开通典礼。为此，铁路部门在北站与真如之间开设专列，接送各界贵宾。真如电台是中国人自行建造的最早的国际电台，是我国当时唯一由国家经营的国际通信机构。其直达电路数一度位居世界第四位，享有"远东最大的无线电台"之称。

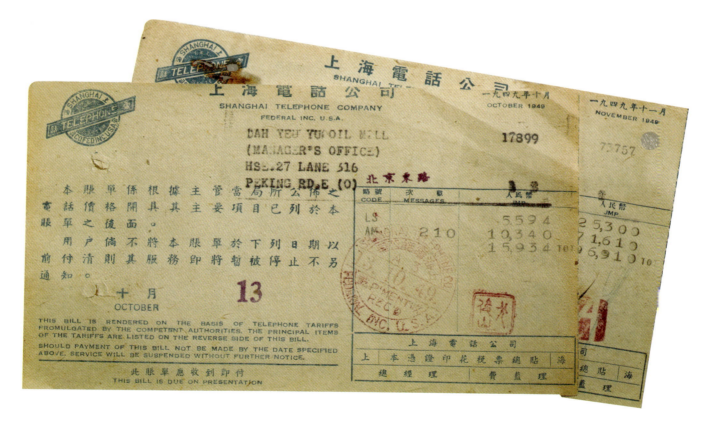

各种电报纸、账单

尺寸：22×20cm左右

早先的电报，必须经过人工译成文字，誊写在电报纸上，再经邮递员上门寄送。同样，电信账单作为用户缴费的凭证，也是过去日常生活中的常见之物。事后随手丢弃，几乎无人会刻意收藏电信单据。因此，一张张泛黄的电报纸、电信账单能留存至今，已显得非常珍贵。而且，随着无纸化环保意识的深入人心，这些电信单据终将成为博物馆的藏品。

短波电台

尺寸：60×30×42cm

短波电台是指工作波长为10～100米、频率为3～30兆赫的无线电通信设备，一般用于传送话音、等幅报和移频报。1926年，吴淞海岸巡防处技术课课长陶胜百将进口马尼可军用长波机改装成全国第一台短波机，该机安装方便，占地费用省，发报时间短，功效高。后来进一步发展起来的便携式短波电台，主要用于军事或工程通信联络，具有体积小、重量轻等特点，一般采用鞭形天线，利用地波进行近距离通信，功率通常为数瓦至数十瓦。

1927年7AI型48V旋转制自动电话交换机

尺寸：370×240×360cm

旋转制电话交换机是以电机带动主轴旋转，利用电磁机械动作来完成自动接续的电话交换机。1927年11月，英商华洋德律风公司在上海中央电话交换所首先安装了旋转制自动电话交换机，后经过美商上海电话公司大力推广，上海开始进入自动电话时代。这台7AI型48V旋转制自动电话交换机，是由美商安德卫普贝尔电话公司和美商巴黎电话材料公司联合出品的，在上海地区从1927年起一直使用到1989年，长达62年之久。

1930年美商上海电话公司使用的查号旋转档夹

尺寸：220×135×180cm

1910年，上海开办电话查号业务。1930年，美商上海电话公司首次使用旋转档夹查阅电话号码，这在当时国内是独一无二的一套方式，大大提高了查号效率。该旋转档夹，为上下开槽相叠的两个圆形铁架，各可嵌入450档格片，每一档格片可插入42条电话信息，以用户分类和笔划顺序排列，三组为中文，三组为英文。话务员可以很方便地查阅到相应的电话号码资料。这套系统一直使用至1989年，后被计算机查号所取代。

交通部无线电话

尺寸：18×15×32cm

所谓无线电话，是指利用无线收发报系统进行直接语音通话的通讯设备。1907年，吴淞至崇明的水线受损阻断，江苏省官电局在两岸分别兴建无线电台，成立吴淞无线电报局和崇明无线电报局，收发商报和船舶信息。1911年吴淞电台被毁，1914年由北洋政府交通部重建。1929年，吴淞无线电报局改名吴淞海岸电台，后与上海海岸无线电台合并为上海海岸电台，归交通部国际电台管辖。

1956年研制成功的BD055型国产电传打字机

尺寸：52×60×48cm

1946年，上海与南京在沪宁电报电路上用电传机通报，改变了长期使用莫尔斯讯号通报的方式，提高了通报效率，加快了信息传递。新中国成立后，由于西方国家的封锁禁运，上海电信职工开始自行设计制造电报通讯设备。1956年8月30日，上海电信终于成功自制出BD055型电传打字机，这是我国最早的国产打字机，不仅填补了国内不能生产电传打字机的空白，而且彻底改变了我国长期落后的电报通信方式。

1958年进口的光电录音机械制自动报时设备

尺寸：162×58×257cm

1934年初，美商上海电话公司开办"95678"报时台，报时用标准钟每天定时与天文台核对，以保持报时的准确。1958年，由长沙转来一台民主德国制造的光电录音机械制自动报时设备，由于未录好音一直没有使用。后经上海市话局工技人员将光电录音改制成磁性录音，由机械设备控制语音的组合和输出，于1965年5月投入使用。人工报时劳动强度高，而自动报时省时省力更为精准，效果非常好。这套最早使用的自动报时设备前后使用了近20年时间。

1963年研制成功的国产20千瓦大功率电子管

尺寸：11×11×28cm

20世纪50年代，我国还不能制造生产大功率电子管，当时一只进口大功率电子管可以在市场上换17吨大米。若能自行生产电子管，不仅可以节省宝贵的外汇资源，还能大大促进中国电信事业的发展。1958年，上海无线电管理处成功修复20千瓦880型电子管，从而激发起了电信职工自行研制大功率电子管的信心。1963年，第一只国产20千瓦大功率电子管研制成功，该项成果荣获1964年全国邮电重大技术革新成果一等奖。

1910年磁石式电话机、最后退出历史舞台的摇把子电话

尺寸：30×18×19cm

最初的电话机是由微型发电机和自备电池构成的磁石式电话机。打电话时，手摇微型发电机产生振铃信号，对方启机后构成通话回路，因此又称手摇电话机，俗称"摇把子"。1882年上海开始使用磁石电话机，1910年开始使用共电式电话机，1924年开始使用拨号盘电话机。但磁石式电话机设备构成简单，安全可靠，保密性好，多用于点对点的通信联络方式。因此，直到1993年，最后一台磁石式电话机才退出上海电话网。

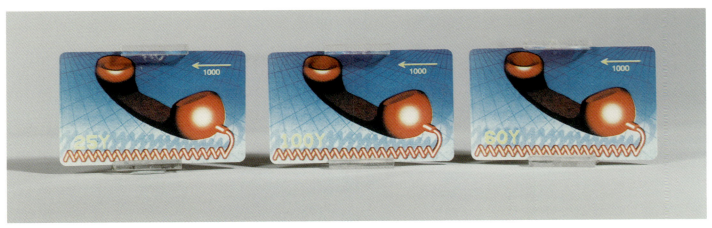

"红听筒"电话磁卡

尺寸：8.5×5.5cm

上海市首套GPT制式公用电话磁卡，1988年2月发行，全套3枚，面值分别为25元、60元、100元，卡面图案是一只红色电话听筒，故被收藏界称为"红听筒"磁卡。"红听筒"卡是全球最大的通信设备制造商英国GPT公司赠送给上海电信部门的试作卡，在其他国家也有发行，但卡面插卡指示箭头颜色不同，卡背编号也不相同。上海这套"红听筒"卡，仅在南京东路营业处销售过，发行量只有100套，目前存世量已非常稀少。

各种上海电信卡

尺寸：8.5×5.5cm

自1988年2月上海首套电话磁卡问世以来，电信卡从早期单一通话功能的电话卡，发展至目前集通话、缴费、充值、上网、身份认证于一体的多功能综合业务卡。在注重实用功能的基础上，上海电信卡进一步强化题材的选择和开发，北京奥运会、上海世博会等重大事件，以及上海城市风貌等，均成为电信卡方寸天地演绎的主题。由于上海电信卡品种繁多，便捷实惠，兼具丰富的文化内涵，因此广为人们使用和收藏。

上海市银行博物馆

坐拥陆家嘴金融宝地，背倚黄浦江历史积淀，中国首家金融行业博物馆——上海市银行博物馆坐落于浦东大道上的世纪金融大厦即中国工商银行上海分行大楼的七楼。1500平方米的小小展馆，包容了中国金融160年的沧桑变幻，成为市民和青少年了解金融历史，接受金融科普教育的重要场所。

该馆分钱币馆、历史馆和展示厅三个展区，收集银行史料文物藏品计20000余件，陈列展品计2000余件。陈列有银行发展历史中使用的各类票据、器具、刊物等实物和大量珍贵图照，还有中国历代具有代表性的钱币。钱币馆内有我国各个时期、不同种类的钱币，比较珍贵的有西汉柿子金、大明宝钞以及世界上仅此一套的1905－1949年美国印钞公司为54家银行印制的1113张钞票样本。历史馆以原物再现的方式展示了我国金融界，特别是上海金融界160余年的发展历程。银行博物馆抢救了众多金融文物，在金融文化的收藏、科研、教育方面具有重大意义。

银行博物馆还设"清末民初钱庄"、"兑换银元"、"20世纪80年代初人民银行储蓄所"几个场景，人物雕塑栩栩如生，惟妙惟肖还原了当时的历史面貌，且均用原物展示，从而使场景更为逼真、生动。素雅的展厅，丰富的馆藏，生动的场景，把观众瞬间带入清朝末年的钱庄街景，看金融业蓬勃发展；钱庄由兼做杂货生意转而专营金融业务，与西洋银行有异曲同工之妙。然而钱业的大门终抵不过银行业的渐渐渗透，西方的银行与中国的钱业各占半边，并以其优势渐领风骚，反而将传统的银号、钱庄比下去了。民国时期是中国金融业繁荣的又一个黄金时期，国民党政府建立了'四行两局'金融体系，上海成为了中国乃至于远东的金融中心。只是好景不长，国民党的乱发纸币导致中国金融进入了恶性通货膨胀阶段，物价疯狂上涨，货币急剧贬值，民不聊生，人人自危。这段痛苦经历直到新中国成立，中国人民银行发行第一套人民币并调整了新中国的金融体系和政策，才逐渐把人民从水深火热中拯救出来。"原装"的中国人民银行公平路储蓄所将20世纪80年代的储蓄所原始风貌呈现出来，设备的简陋，人员的高效俱令人唏嘘不已。

在上海市银行博物馆浏览，如同在一个半世纪的岁月中信步，金融风云、历史沧桑尽收眼底。上海市银行博物馆不仅成为工商银行企业形象的一个重要窗口，也成为上海金融文化的一个精彩亮点。

至元通行宝钞

至元通行宝钞是我国现存最早的纸币之一。以桑皮纸制，呈深灰色。钞首通栏横书"至元通行宝钞"字样，下为蔓肥叶硕果纹饰框。框内上部有钞值"贰贯"，字下有两串铜钱。左右各有一行八思巴文，意为"至元宝钞，诸路通行"。钞上钤有二方八思巴文朱文红印，上为"提举诸路通行宝钞"，下为"宝钞总库之印"。至元通行宝钞，于至元二十四年（1287）起正式发行，成为元代流通的重要货币。流传至今的至元通行宝钞已屈指可数了。

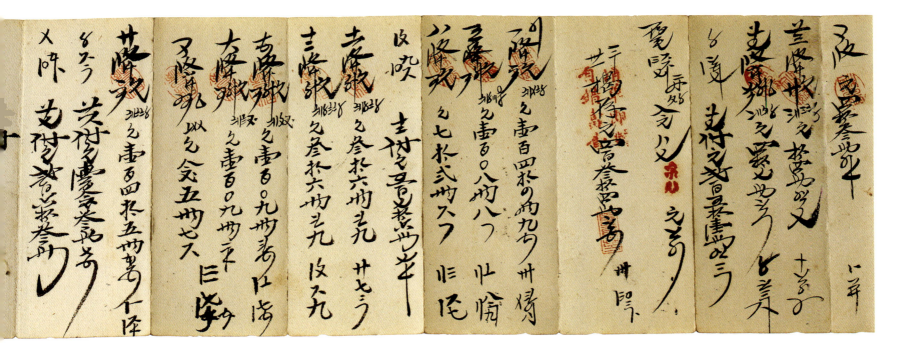

上海钱庄存折

钱庄的存折是存取款凭证、债权凭证，它采取可折拢可拉开的折叠样式，也称"折子"。封面和封底用厚纸制作，外面还有一个硬壳封套，上面写有钱庄名称和储户名字。记帐均用毛笔直行书写，每一笔金额都要加盖印鉴，以防涂改。而记账专用的数字写法也与今天有很大的差别。有的存折还贴有印花税票。进入近代以后，虽然受到西方新式银行的影响，但传统钱庄仍坚持使用这种"折子"形式的存折，一直沿用到20世纪四五十年代。

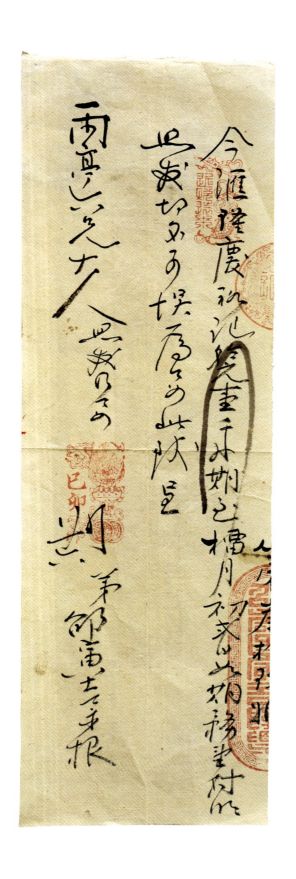

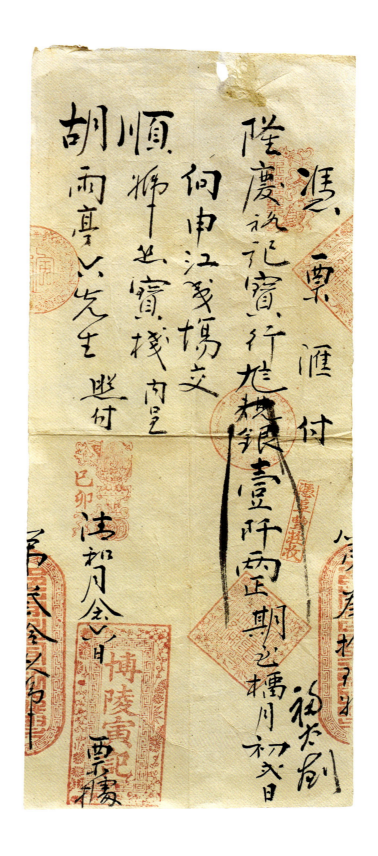

148

钱庄汇票

钱庄汇票是一种汇款凭证。由钱庄发出，一半交由汇款人寄给异地收款人，凭以兑取汇款。这是从河北博陵汇至上海租界顺号丝宝栈汇票，由阜丰钱庄兑现。时间为"己卯"，即清光绪五年（1879）。汇票编号第叁拾玖号，票面盖满各类公私花押戳记，以防假冒。编号处采取骑缝式分为两半，经合拢查对无误后才可兑付。该票面值九八规银一千两，票面金额处用毛笔划圈，表示钱款已兑讫两清。

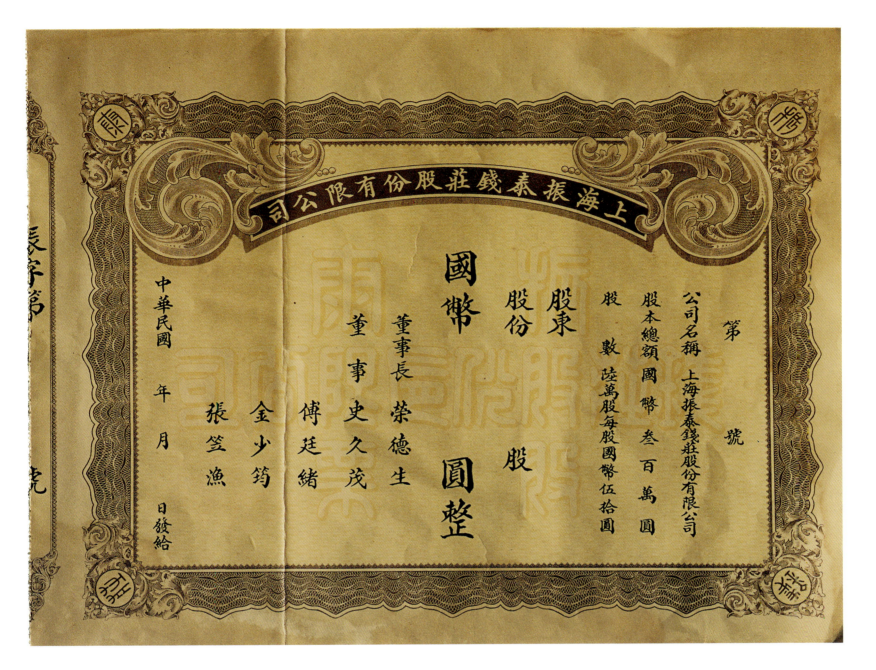

上海振泰钱庄股票

20世纪30年代，一些钱庄开始实行股份制模式，对外发售股票以扩充资本。这种与时俱进的变化，使钱庄在银行业快速发展的背景下获得了一定的生存空间，得以避免风险并赚取利润。上海振泰钱庄创立于1916年2月，地址在天津路福绥里7号，合伙资本五万元，董事长就是赫赫有名的面粉棉纱大王荣德生。1942年12月，振泰钱庄改组为股份有限公司。这张振泰钱庄发行的股票，就是反映中国传统金融组织与西方股份制企业相融合的实物。

钱庄市招

钱庄市招一般垂直悬挂于店铺外侧，除了钱庄的名称，往往会写上经营业务，如"银钱兑换"、"兑换各国金银货币"、"经营时新印花税票"等等。钱庄的名称大多寄予事业发达的期许，体现诚信经营的理念。财力雄厚的钱庄在招牌制作工艺上极为讲究。这组钱庄招牌制作精良，具有较高的历史价值和艺术价值。其中，金底黑字的一块尤为精美，乃双面浅浮雕。"银钱兑换"四字笔势稳健，在金色底纹的衬托下颇为醒目。底纹上还绘有蝙蝠、祥云、金钱等图案，寓意吉祥如意、财源广进。

忠信如记钱庄印鉴锤

旧时钱庄在票据或存折上盖章极有讲究，不仅种类繁多，每一种印章在票面上的位置也是固定的。印章盖在票据上，就是信用的象征，因此也叫作"印信"，既代表了钱庄的信誉，也起到了甄别防伪的作用。此件钱庄印鉴锤，锤头为铜质，仅有方寸大小，一面是"忠信"，一面是"如记"字样，连着一根细长的红木柄，好似一把袖珍的锤子。"忠信如记"是这家钱庄的庄名。这件印鉴锤，形制奇特，在目前所见的钱庄类印章中独一无二。

上海源记伍拾两银锭

清代中国仍采用银本位制，白银依然是当时货币流通市场的主角。银锭形状有马蹄形、圆形和方形，其中马蹄形的又称元宝。标准银锭的重量一般为伍拾两、拾两、伍两和壹两四种。上海银炉所铸的元宝，大抵是受钱庄或银行委托，由外路元宝、大条银或外国银元等改铸。铸成之后，须经公估局批定，才能投入流通。1933年，民国政府实行"废两改元"政策，上海银炉业与公估局才结束其历史使命。这枚上海源记伍拾两银锭，上面刻有"道光十一年"（1831）字样，十分稀有。

试金石与对金牌

试金石和对金牌是旧时银行、钱庄或银楼用于鉴定黄金成色的一套工具。试金石是一种灰黑色天然硅质岩石,对金牌则是用不同标准成色的黄金制成的细长小牌。将需鉴定的黄金在试金石上划出印痕,然后挑选色泽比较接近的对金牌划出印痕,相互对照以确定黄金成色。如今,这种凭借肉眼区分细微差别的鉴定方法逐渐退出了历史舞台,成套的试金石与对金牌已极为罕见。这块试金石体积较大,划痕保留完美。对金牌共76枚,各种成色齐全,更是弥足珍贵的金融文物。

外资银行纸币

1840年鸦片战争爆发，揭开了近代中国金融历史新的一页。为加强贸易往来，外国银行纷纷来到中国设立分支机构。在华第一家外资银行是英商丽如银行，该行从英国政府那里获得"皇家特许状"，被授权在好望角以东任何区域建立机构，经营兑换、存款与汇划业务。以丽如银行为代表的英资银行进入上海后不久，德国、法国、日本、俄国、美国、比利时、荷兰等国相继在沪开设银行。至1927年，在上海营业的外资及中外合资银行已有35家之多。这些外资银行，通过垄断外汇、控制进出口贸易、发行纸币等方式，控制着中国的财政与金融。

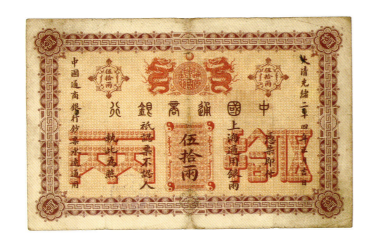

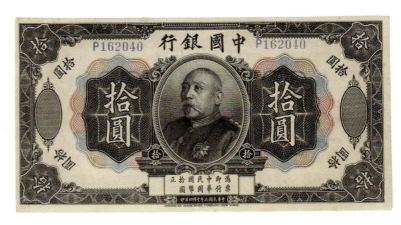

华资银行纸币

1896年，督办铁路事务大臣盛宣怀上书清廷奏请中国自创银行。1897年，中国的第一家华资银行——中国通商银行在上海的外滩开业。不久，清政府又考虑成立国家银行，1905年8月大清户部银行在北京成立，同年10月在上海设立分行。20世纪初，中国民族资本有了初步发展，纯粹私人资本银行开始崭露头角。到了20世纪二三十年代，华资商业银行发展进入鼎盛时期，在上海金融业的总资产逐渐超过了外资银行。1927年4月，南京国民政府成立后，着手加强对银行业的控制。1928年中央银行成立，中国银行与交通银行不断增加官股份额，1930年邮政储金汇业局在上海成立，1935年中国农民银行、中央信托局成立。至此，形成了以中央银行为核心的"四行二局"官办金融体系。这组华资银行纸币，包括了有"中国钞王"之称的中国通商银行光绪二十四年伍拾两银两票、存世孤品中央银行横版壹佰元关金券、目前仅见的浙江兴业银行1907年竖版杭州地名壹元券、稀有的大清银行拾元兑换券流通票等珍品。

美钞公司印制中国纸钞存档样本

这部由美国钞票公司印制的中国纸钞存档样本是存世孤本。保存了自清光绪三十一年（1905）到1949年新中国建立前夕的45年内，中国54家金融机构委托美钞公司印制的1113枚纸币样本。从国别分，既有中资银行，也有外资银行和中外合资银行。从性质分，既有国有银行、地方银行，还包括众多商业银行，以及非银行金融机构。同时还保存着关于各委托银行、面额种类、印制数量，甚至每枚纸币印刷年月的详细记载。这部独一无二的文档资料，不但时间跨度长、内容丰富、规模宏大，而且非常完整，是考证、研究近现代中国纸钞发行史最具权威性的原始资料。

大康银行扑满

扑满，即储蓄罐。晋葛洪《西京杂记》卷五有云："扑满者，以土为器，以蓄钱，有入窍而无出窍，满则扑之。"旧时，一些银行为开展业务或逢建行纪念日，会向客户赠送储蓄罐，作为广告宣传品。大康银行扑满，印铁制成，小巧玲珑。中间为篆体"扑满"两字，两边印有"大康银行总行 信托存款 利息优厚 保障稳固"及"大康银行 总行宁波路 信托部亚尔培路"广告语。大康银行成立于1934年，开业资本为法币50万元，地址设在宁波路112号。

上海女子商业储蓄银行礼券

该礼券呈红色，颇有喜庆气氛。上方为银行中文名称和英文名称缩写字母图案。边框四角由"馈赠礼券"四字组成。中间为面额"国币一百元"，下方印有一段文字："此券专供交际礼品之用，较现金馈送为雅观。银数悉随尊意，使用尤为灵便。持此券者向本行存储兑现，无不一律欢迎。"上海女子商业储蓄银行于1924年5月27日开业。行址设于今南京东路480号。董事长姚慕莲，总经理严叔和。该行由女子发起，并担任要职，在沪上首屈一指，尤其受到妇女们的欢迎。

美国国民牌银行记账机

长期以来, 中国的银行、钱庄记账均为手工方式。直到20世纪三四十年代, 上海一些大银行开始引进先进的记账工具——记账机, 以替代算盘和手工记账。机械记账机, 不仅具有计算功能, 还可以直接打印账页。利用机械运算、记账, 既准确又简便, 大大提高了银行的工作效率。这台记账机为20世纪20年代美国国民现金收印公司生产, 用铁架支撑, 呈立式, 外形有点像打字机, 一直使用至20世纪80年代初, 现为存世孤品。

美国钞票公司钢雕钞版

印版雕刻是一项难度非常大的技艺，要求雕刻师必须有一定的绘画基础，再加上自己的艺术灵感，才能将原稿反刻在特殊的钢版上。一块优秀的雕刻凹版，几乎是无法仿制的，即使是雕刻者本人也很难做出一模一样、纹丝不差的钢版来。尤其是人物肖像雕刻，要求立体感强、层次分明、线条清晰，必须直接在钢版上下刀，稍有不慎则前功尽弃。因此，钢凹版用于纸币印刷，既能丰富票面内容，又有较强的防伪性能，至今仍有很高的实用价值，而且还在不断地发展和提高。这批美国钞票公司的钞版，包括部分过轴所用的滚筒，共有800余件，既有整块钞版，又有人物、建筑、风景等局部主景图案，保存完好。在放大镜下仔细观看，所有细节一点一划，无不显示出雕刻师深厚的功力，件件堪称艺术精品。

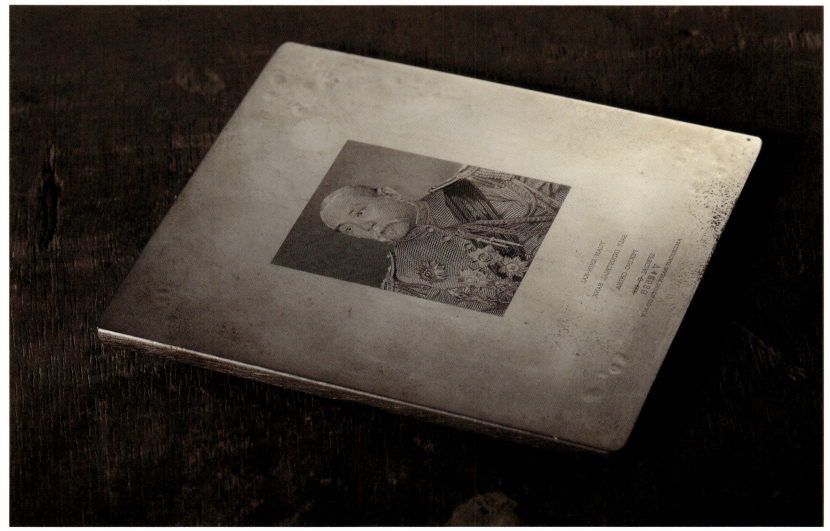

第一套人民币六大珍及000001号壹百元轮船券

1948年12月1日，中国人民银行在石家庄正式成立，开始发行人民币。由于解放区印刷厂资金紧缺，物资供应困难，以至第一套人民币印刷工艺不统一、票券版别繁多，充分体现了战争年代货币过渡的特点。第一套人民币共计有12种面额，62种版别，有一半品种在1000张以内，最少的在100张以内。因此，完整的第一套人民币，全世界不会超过100套。那些发行时间短、流通区域小、存世量稀少、极难收集的品种，更是整套人民币中的珍品。编号000001号的红色轮船壹佰元，为该面额纸币的第一号，乃存世孤品，极具收藏价值。

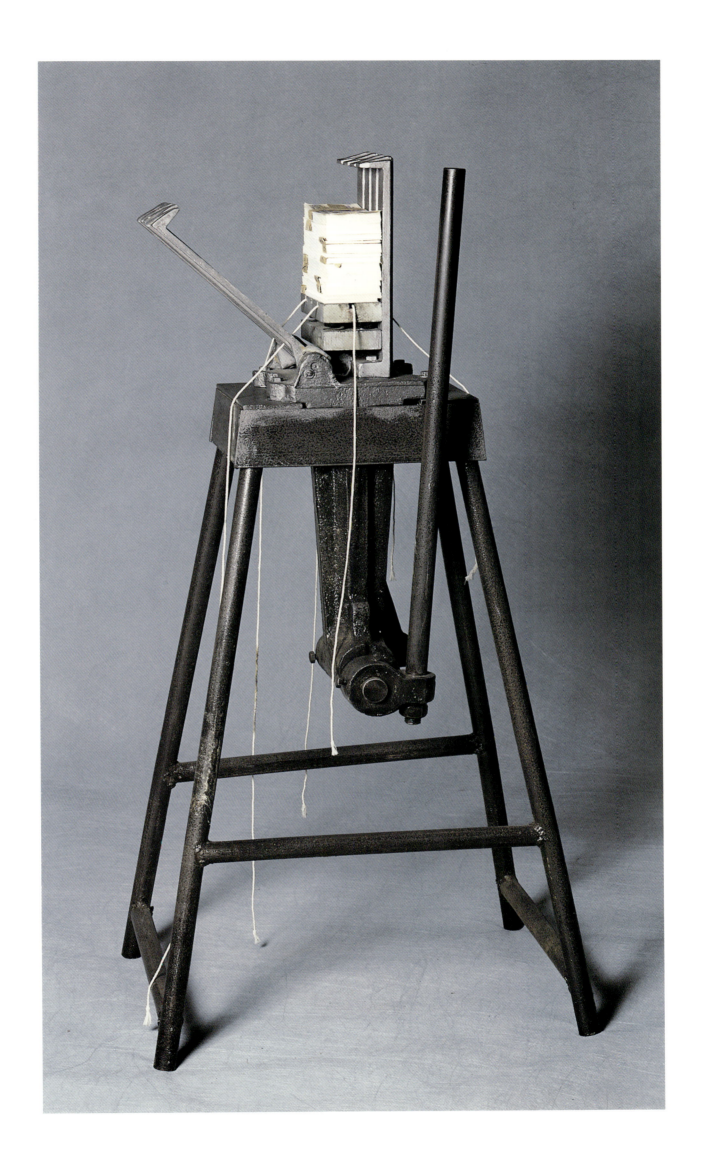

我国第一代扎钞机

早期钞券都用手工捆扎，费时费力。这是1959年由中国人民银行上海市分行工具厂生产的，利用杆杠原理捆扎钞票的第一代扎钞机。

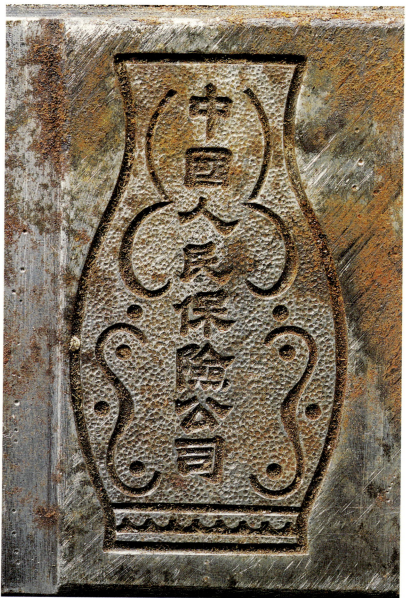

中国人民保险公司钢印模具

1949年10月20日，政务院批准建立中国人民保险公司，开办火灾保险、人身保险、财产保险等等。自成立起，中国人民保险公司对内一直是中国人民银行的下属机构。1984年，中国人民保险公司正式脱离中国人民银行，但业务上仍由中国人民银行领导、管理、协调、监督和稽核。这套钢印模具，中心图案是一只式样别致的花瓶，当中为"中国人民保险公司"字样。花瓶寓意着保险的作用：花瓶虽然容易破碎，但瓶内积聚的财富，能使投保人规避风险，减少损失。

壬辰年十公斤金质纪念币

我国自1979年开始发行现代金银币，目前已形成杰出人物、珍稀动物、文学名著、科技发明、传统文化、体育运动、生肖等十大系列。此枚金币为2012年中国壬辰年（龙年）金质纪念币，由中国人民银行发行，属于中华人民共和国法定货币。整枚金币重10公斤，成色为99.99%，象征面额100000元。图案以"青龙"造型为背景，并刊面额及"壬辰"字样。全球共发行18枚，由于数量少且规格大而在现代金银币中首屈一指。

上海纺织博物馆

上海纺织博物馆地处苏州河南岸，长寿路桥西北翼。观众走进这里，便仿佛听见一片"唧唧复唧唧"的机杼之声，感受与领略上海地区6000年纺织的历史文脉。

上海纺织博物馆的原址是申新纺织九厂，占地6800平方米，户外展示面积1500平方米，室内展示面积4480平方米，分别为气势恢弘的序厅、底蕴厚实的历程馆、时空贯连的撷英馆、互动叠现的科普馆、赏心悦目的京昆戏服馆等多个展示空间，作为全国科普教育基地和全国纺织精神文明建设示范基地，向世人呈现上海地区纺织行业的历史变迁。

说到上海地区的纺织，人们首先想到的自然是黄道婆。根据史载，黄道婆在元代改进了纺纱技术，将一锭纺纱机改为三锭，从而大大地提高了纺车的纺纱效率。为了表达对她的感念和敬意，当地百姓在明朝万历年间为她建造了"黄母祠"，松江华泾人还用名贵的太湖方石雕刻了一对门墩。纺织博物馆建成之后，这对门墩从原本的黄母祠遗址移至馆内，博物馆同时还陈列了三锭纺车和一匹匹宽幅布匹，以此再现黄道婆织布的场景。

博物馆展出了各类展品，包括出现于旧石器时代晚期的骨针、反映6000年前上海古人生活状态的马家浜文化水井、西汉时期丝绸之路上的汉服和胡服等，其中最为珍贵的是1套包括1条长桌和12张方椅的进口柚木家具。该套家具是1878年李鸿章等人筹建上海机器织布局时的用品，其材质是有着"万木之王"美誉的进口柚木；工艺为徽派满雕，16件家具的桌腿桌面、几柱几门、椅腿椅背，但凡可以直接目视的阳面，都采用徽派木雕工艺精雕细刻了

《牡丹亭》、《封神榜》等体现中国传统文化的传奇故事；家具形制则打破了晚清议事制度的惯例，在当时"西风东渐"的影响下，按照国际交往和外交礼仪的需要，采用了体现双方平等的围桌而坐、正面交流的方式。该套家具应当是1869年间，原安徽六安籍上海道台涂宗瀛府邸接待外国使团使用的涉外议事和西餐家具。另据专家论证，该套家具在目前我国所藏的同类型家具中是独一无二的，价值非同寻常。

展馆展出的还有19世纪中后期投资上海纺织业的外商企业的资料，如美国鸿源纱厂、德国瑞记纱厂和日本上海纺织株式会社等。20世纪20年代初到40年代末，纺织业作为上海的"母亲工业"开始迅速发展，到1948年，上海有西服、时装、童装店993家，上海服装行业已具有精湛的技术和时尚的设计。观众在展馆中可以看到上海老布庄的等比例还原场景，200多张纺织商标包装纸集锦，还有"培罗蒙"、"三枪"、"古今"等上海人耳熟能详的老字号展示。

进入新时期，随着国家经济的发展，一度面临困境的上海纺织业以壮士断臂的勇气进行了大刀阔斧的改革，终于摸索出一条"科技与时尚"相结合的新路，为未来昂首阔步的崭新发展奠定了坚实基础。这一切，同样在展示中得到了有力体现。

走进上海纺织博物馆，观众在看到上海纺织业6000年来发展历程的同时，也必将对上海这座城市产生更深的认识和了解，必然会由衷地感叹一句：不虚此行！

鸡骨白玉纺轮

尺寸：直径9cm 厚2.5cm

此为出土于新石器时代晚期红山文化的纺轮，材质为鸡骨白玉。"鸡骨白"是收藏界的术语，主要说的是长期埋在土中的玉，日深年久所造成的腐蚀，而在表面形成一种白色的粉状氧化物。此件鸡骨白玉凿成的纺轮，距今已有五六千年的历史，实属罕见。

战国布纹陶量

尺寸：直径9.5cm 高6cm

古陶的制作离不开纺织品作为结构支撑。先用泥做团制成陶坯，在陶坯未干的时用麻织物进行包裹，再将陶泥层层附上制成陶坯，进炉烧制成型。不耐高温的麻织物在陶制品表面已被烧尽，却无意间将麻纤维的布纹在陶制品上呈纹理状留存。由此可见，早在战国以前，纺织品就已被用于古陶的生产制作。量器本是反映国家的政治制度的产物，有统一规定的尺寸大小。此布纹陶量，坯薄、布纹精细、质地坚硬，实属民间罕见，据考证是战国时期物品。

元代元宝石

尺寸：33×124×64cm

元宝石，因形似元宝而得名，原名为踹布石，是织物进行整理时使用的生产工具。这块元宝石重达350公斤，操作时由一名彪形大汉脚踩两端，手持木杆保持平衡，来回踩踏，将置于石座底部的布匹研光、碾压等。现存于世的元宝石不计其数，然而馆藏此块却是绝无仅有。不仅品相甚好，而且两面均有精美纹样，有祥云纹、水波纹、骏马图等，从骏马等信息又可推出该物曾用于元代，是当今极为少见纹样细致的官家真品。

晚清民间织机

尺寸：239×125×203cm

此物出自距离现今近两百年的晚清时期，也是迄今保存最完整的古代织机，曾藏于金山朱泾一户人家阁楼上，已经历了五代人，平日里鲜被继承人以外的人接触，故而保存相当完好。最后的继承人缪氏老奶奶，就是天天与这台织机相依为伴，终了坐在这台织机旁一边织布一边睡着去世。后几经游说，才获得这家人首肯，将这台如此有意义的织机引到上海纺织博物馆里，供世人欣赏。

机器织布制造局柚木家具

尺寸：七巧台 64×64cm；   两门两屉边柜 139×64×94cm
单门九屉边柜 180×63×95cm；   椅子 52×49×111cm
会议桌 274×106×76.5cm；   太师椅 59×59×113cm

1878年，由清廷李鸿章批核、郑观应和彭汝琮共同操办的中国第一家动力棉纺织企业——上海机器织布制造局正式筹建。时为上海道台的刘瑞芬从道台府衙调拨了一批物资，资助织布局的日常运营。其中留存至今的是一套1843年由徽州工匠打造、中国第一批从印尼进口柚木、适用于会商和宴请租界董事的徽派满雕西式会议家具。该套家具包括一张长方形大桌、十把椅子、两把太师椅、两具料理柜、一张乞巧台共十六件。其中，所有阳面均雕有中国经典文学典故，所有桌椅的腿部均采用巴洛克式。同时，该套桌椅的形制，体现了民主与共和的意识。

三星椅子

尺寸：44×43×99cm

该椅子为柚木双面垫材质，系荣氏家族于1915年在上海完成面粉、纺织两大民生产业组合之后，为标示家族产业符号而定制的办公家具之一。三颗星分别寓意荣氏旗下的申新、福新、茂新三大系统。此后，但凡荣氏家族产业旗下的厂房、办公楼、住宅等不动产，办公家具等固定资产上，大都在显要位置标示"三星"符号。此乃荣氏集团塑造企业文化的标志之一。

大康纱厂石碑

尺寸：72×23×7cm

1920年，由日本私人资本为主的"大日本纺绩株式会社"开始进入上海，在杨树浦路腾越路195号圈地139.19亩，设立大康纱厂。此为圈地后设立的钢筋混凝土界碑。1945年8月15日日本军国主义无条件投降之后，被国民政府经济部接收，1946年1月更名为中国纺织建设公司上海第十二纺织厂。

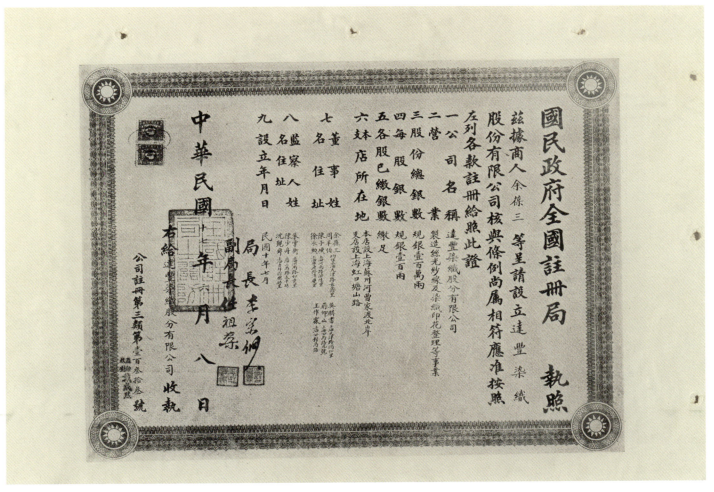

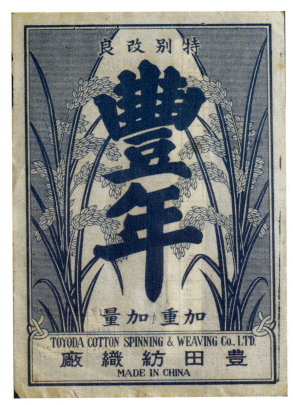

民国五年达丰染织厂执照

尺寸：45×55cm

创立于1912年的达丰染织厂，既是中国第一家集棉纺、织布、印染为一体的托拉斯纺织企业，也是上海第一家机器漂染厂。该厂生产的士林蓝布、纳夫妥红布、黄卡其、元贡、元哗叽、印花布等，行销全国，多次获得由农商部等政府机构的奖掖。

丰田纺织厂商标

尺寸：15.5×10.6cm

丰田纺织厂，系由日本发明家、织机改革家、丰田自动织机的创立者丰田佐吉于1919年在上海极斯菲尔路200号（今万航渡路2250号）设立。其生产的21支、23支、32支棉纱，用"丰年"作为商标。该厂于1945年8月15日日本军国主义无条件投降之后，被国民政府经济部接收，1946年1月更名为中国纺织建设公司上海第五纺织厂。

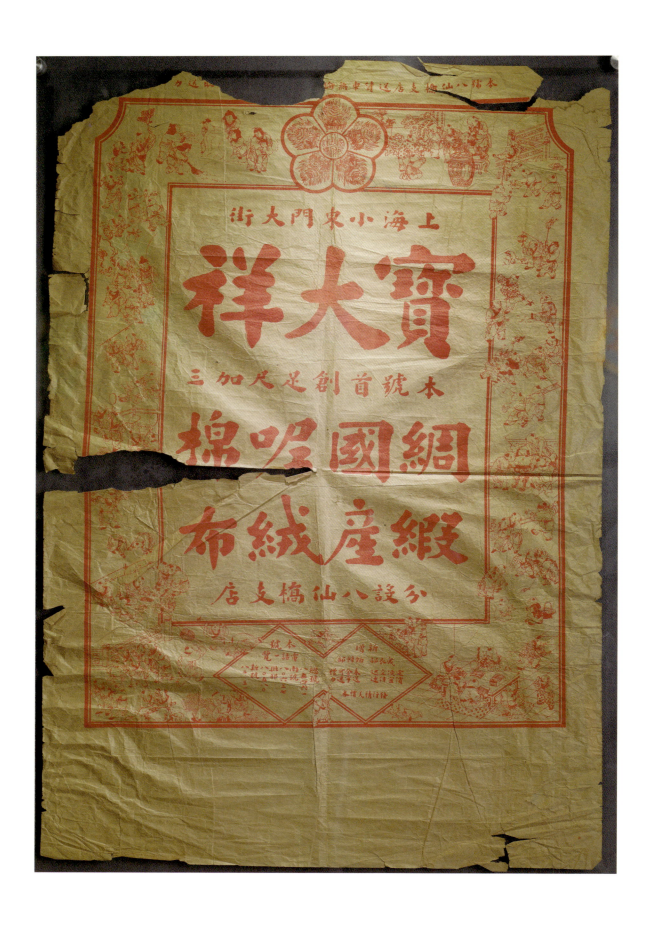

宝大祥百子图包装纸

尺寸：88×59cm

1924年8月25日，由原协大祥股东柴宝怀与丁方镇在小东门大街开设"宝大祥绸缎庄"，专营棉布、呢绒、绸缎等各类纺织品。后在南京路和金陵路设宝大祥分号。与协大祥、信大祥并称沪上"三大祥"。该店以品种全、花色多、备货足、服务好为经营特色。为吸引消费者，宝大祥绸缎庄在1925年春，专门延聘沪上连环画家，设计了一款用于包裹面料的百子图包装纸。

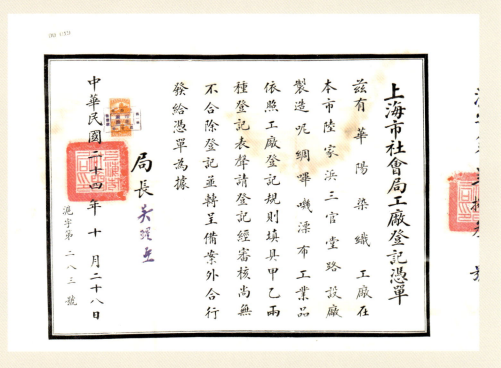

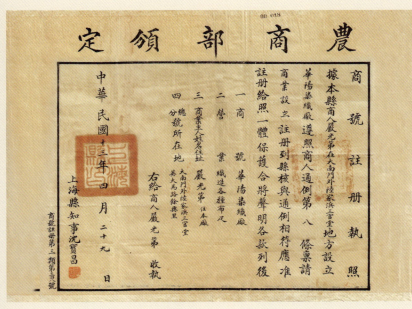

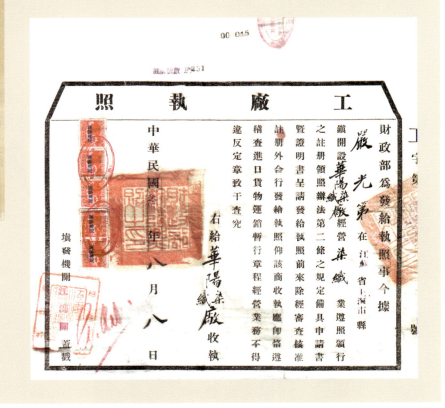

❶ 上海市社会局工厂登记凭单　　尺寸：34.5×53.5cm

❷ 农商部颁定商号注册执照　　尺寸：33.5×38.5cm

❸ 财政部颁发的工厂执照　　尺寸：28×33.5cm

华阳染织厂登记表

上海机器印染棉布始于20世纪20年代初。1925年五卅运动后，国货色布旺销，民族印染工业迅速发展。华阳染织厂本是一家小厂，沪上宁波籍建筑业巨子张继光本着"鸡蛋不要放在一个篮子里"的理论，开始跨行业投资，成为华阳厂的大股东，为工厂注入了资金。

20世纪20年代美进口织袜机

尺寸：68×8×169cm

此物乃上海飞马进出口贸易有限公司
总经理陆龙生捐赠，原为1920年中国
最早进口的电力织袜机，是上海率先
从美国引进的动力织袜机械。虽然当
时产品简单，只限于素色和横圈品种，
但生产效率已大大提高。新中国成立
后，织袜工艺设备经过不断改造更
新，变化很大。50年代，对织袜机进
行局部改造，又提高了生产效率和品
种适应性。

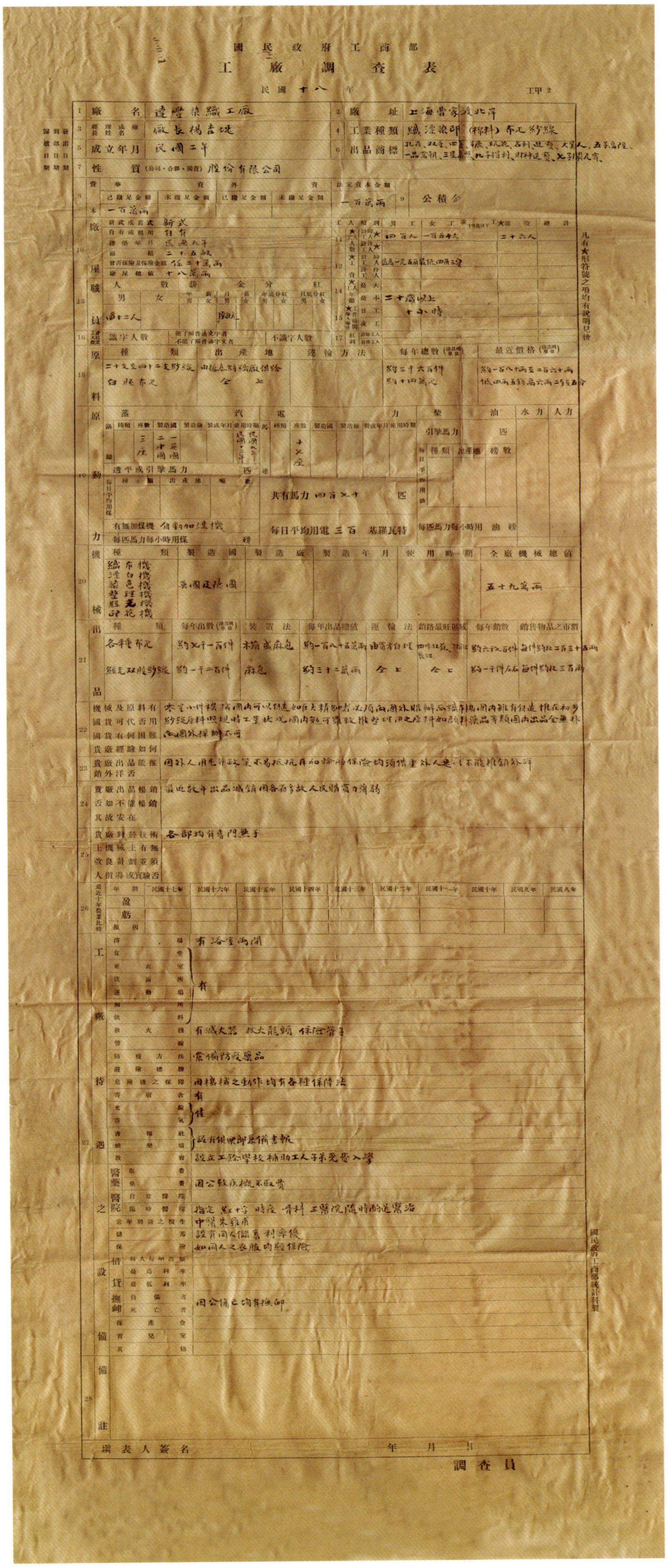

1929年工商部调查表

尺寸：100×42cm

1929年，中国政府开展第一次全国工业普查，此为由当时国民政府工商部统一印制的《工厂调查表》原件。上海作为中国近代工业发展最活跃、最先进的繁衍地，在民国时期依托着"西风东渐"的思想潮流，开启了新的企业管理方式和原则。当时，国民政府借鉴发达国家的管理制度，对中国国内企业统一进行工业普查，而检查涉及的所有元素，已如表所示在区区一纸内呈现。

 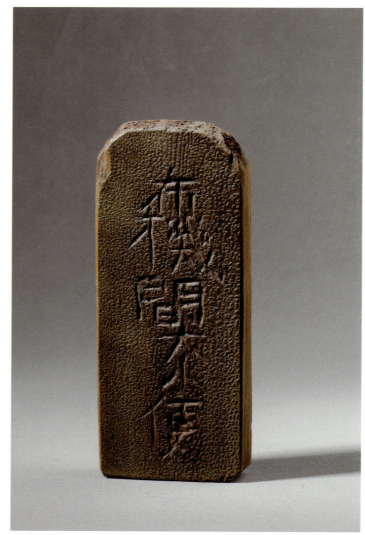

大小便木牌

尺寸：12×5×1.6cm　　12×6×1.5cm

自1911年日本内外棉株式会社在上海宜宾路开设工厂以后，日本棉纺企业在华形成了八大系统。为榨取更多的剩余价值，日方管理人员除了启用"包身工"制度外，还以领用"大小便"木牌的方式，控制工人上厕所的次数和时间。

人民保安队印版及佩章

尺寸：14×25.5　　15×21cm

1949年2月，在上海解放前夕，中共地下党领导的进步工人自发成立旨在保卫市政、工厂，维护社会秩序的"人民保安队"。以此防止国民党势力在溃逃前的破坏活动，迎接人民解放军解放大上海。

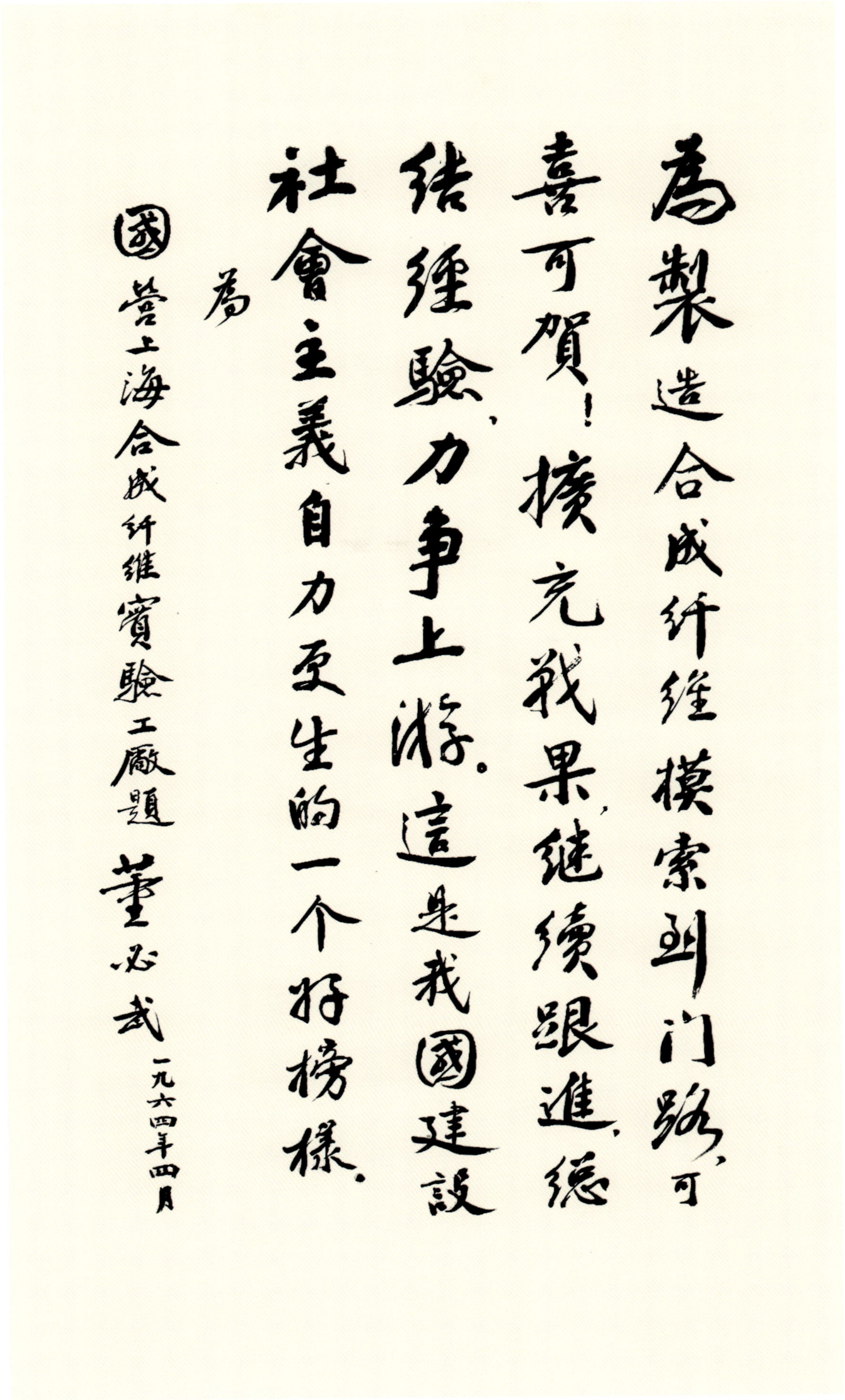

為製造合成纤维摸索到门路，可喜可賀！擴充戰果繼續跟進總结經驗，力爭上游。這是我國建設社會主義自力更生的一个好榜樣。

為

國營上海合成纤維實驗工廠題

董必武

一九六四年四月

董必武题词

尺寸：119×65cm

自1958年起，上海纺织启动了合成纤维研发、生产的"民生工程"，建立了中国第一家合成纤维研究所。1964年，国家副主席董必武同志亲临上海，视察了该研究所，并欣然题词。

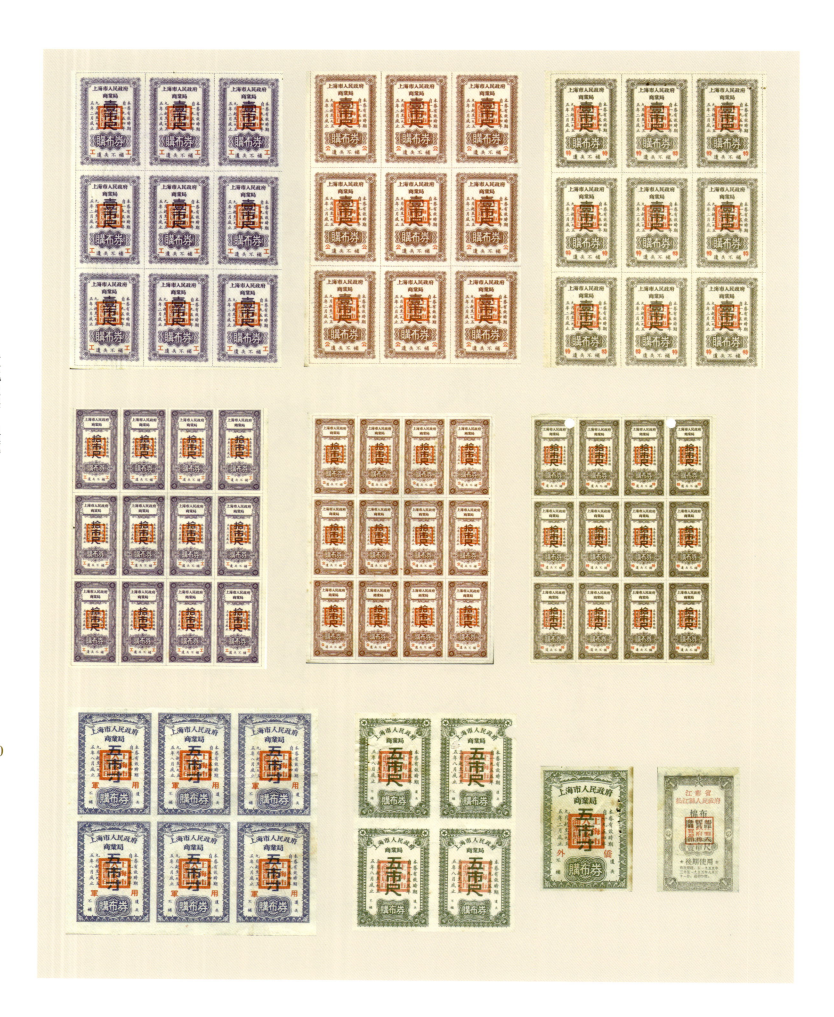

计划经济时代上海纺织票证

尺寸：不等

计划经济时代，我国对纺织品购销实行统一管理和计划供应，布票是城乡人口用以购买布匹或布制品的凭证。单位面额一般有壹市寸、贰市寸、五市寸、壹市尺、贰市尺、五市尺、拾市尺等，由各省、自治区、直辖市商业部门定期印发，不得逾期或跨界使用，不许买卖流通。20世纪80年代初期，随着农业和轻纺工业的发展，纺织品供应日趋丰富，布票随之取消。

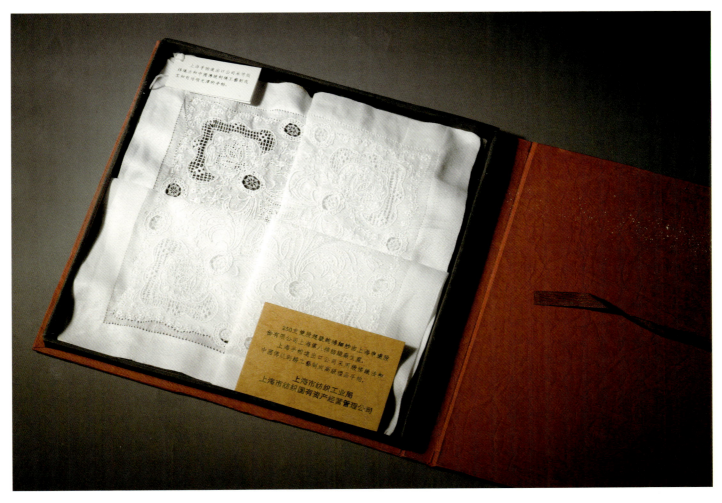

汉森250支手帕

尺寸：48×48cm

20世纪80年代初，上海第八棉纺织厂利用20年代的纺纱设备，纺出了世界上首根250支的精梳棉纱。后由汉森进出口公司制成250支双股纱线手帕。从1989年底起，该手帕作为国礼，由党和国家领导人赠予来华访问的各国贵宾。

1988年纺织部质量管理奖铜牌

尺寸：39.5×49.5×2.2cm

上海纺织自1977年引进全面质量管理体系（TQC.PDCA）后，产品质量和企业管理水平均上了一个台阶。此为中国纺织工业部1988年底授予上海嘉丰棉纺织厂的质量管理奖牌。

沉思——"压锭第一锤"

尺寸：100×117cm（雕塑），284×370cm（机器）

所谓压锭，就是减少纱锭的数目，限制纱厂的生产规模。20世纪90年代，作为我国传统支柱产业的纺织业，无法承受内部沉重的负担和外部的竞争压力，大多数工厂已濒临破产的边缘。1997年秋，中央召开经济工作会议，决定把纺织工业作为国企改革解困的突破口，用三年时间先行扭亏，为整个国企改革起到重点突破、取得经验、带动全局的作用。1998年1月13日，压锭第一锤在上海第二十二棉纺织厂敲响，以压锭为契机，全国纺织行业开始了实质性的调整重组。

"神舟七号"宇航员训练服

尺寸：90×170cm

"神州七号"每一位宇航员都有两件太空服，一件是上天升空服，另一件是地面训练服。宇航员翟志刚的这件地面训练服，与其穿着上天的升空服是同质地、同工艺、同标准、同要求的高科技纺织品。重约20公斤，内含便于宇航员掌握地球昼夜、确保正常作息、避免生物钟紊乱的计时系统，测量脉搏心脏并将信息同步到地面的生命维护系统，以及人体代谢物内循环系统，造价高达380万元人民币。

上海玻璃博物馆

上海玻璃博物馆坐落于上海市宝山区，每当夜幕降临，上海玻璃博物馆的建筑就如同钻石般璀璨夺目。从斑斓闪烁的U型玻璃LED幕墙到明洁如月的中国古玻璃珠，结合了国际化的建筑设计风格和独一无二的藏品及展示，上海玻璃博物馆让古今中外玻璃艺术史料、作品、思想精髓在这里停留、碰撞，更以丰富的历史知识、鲜活的玻璃作品、开放的交流空间和社区化的传播方式，让玻璃走进人群、走进生活，拉近了中国与世界、玻璃艺术与其他艺术形式、历史与作品、文化与产业、玻璃艺术与人的距离，建立了玻璃与世界的沟通平台。

上海玻璃博物馆由上海轻工玻璃有限公司发起并资助建立。整个展馆建筑面积约5000平方米，主场馆面积3750平方米，设有接待门厅、常设展厅、临时展厅、藏品室、办公区、博物馆商店、图书馆、咖啡馆和热玻璃表演及DIY创意工坊。上海轻工玻璃有限公司这个见证了上海玻璃工业发展的企业，用心保存和承载了百年历史和玻璃文化。在这个曾经火与热交融的玻璃工厂厂区孕育出一场熔炉车间到艺术空间的非凡转变，生活中平凡的玻璃以创意的姿态诠释着非凡想象力。

从建筑玻璃到精密的科学仪器，从古代文物到当代设计作品和玻璃艺术品，上海玻璃博物馆以多元的体验式环境结合互动的方式，让参观者逐步走进历史，了解古代及现代玻璃，使得参观者对于玻璃这一深入生活的普通材料具有更为系统的科学认识和高层次的艺术欣赏。

上海玻璃博物馆以全新的互动理念和多媒体运用，让参观者亲自体验神奇多变、缤纷而晶莹的玻璃世界。从古埃及神秘的容器、波西米亚精致的饰品、中世纪华丽的彩绘、英国的酒杯，到春秋战国的蜻蜓眼、汉代色彩各异的耳珰、唐代的器皿、宋代的发簪、清代的花瓶，最后到巨大的LED走灯所展现的上海玻璃工业史，非凡空间展现了玻璃悠远的历史魅力和日渐醇熟的工艺。

从Libensk 夫妇到 Lino Tagliapietra，从 Dale Chihuly 到 Steven Weinberg，从国外玻璃艺术家到国内玻璃界领军人物的艺术大作，参观者可以从国内外玻璃艺术作品中感受玻璃艺术的无限延伸和生命力。更有令人眼花缭乱的国际级的临时玻璃艺术专题展览，展示一系列国际知名玻璃艺术家的作品。

参观者在上海玻璃博物馆可以浏览玻璃的历史和文化，欣赏美轮美奂的玻璃艺术和藏品，也可以阅览玻璃艺术和文化类书籍，观摩热玻璃表演，更可以亲身体验玻璃的制作和艺术创作，购买玻璃纪念品和艺术品，品尝咖啡、享受美食，将艺术、生活、时尚、美学、文化完美融入到博物馆参观体验中。

上海玻璃博物馆的独到之处，在于打破了传统博物馆的展陈方式，以分享的理念，见证人类在玻璃领域的创作和发明，帮助每位参观者实现在玻璃艺术中的自我创造。上海玻璃博物馆致力于分享给大众的，正是玻璃的无限可能。

淡绿色玻璃平底直颈瓶

公元前1世纪左右，叙利亚人创造了玻璃吹制技术，随后吹制技术流传于罗马帝国，并成为当时制造玻璃器皿的主要方法。公元前30年左右，古罗马又发明了套料雕刻玻璃。古罗马玻璃制造在玻璃发展史上占有举足轻重的地位，不仅发明并综合运用了吹制、雕花、搅料等各种技术工艺，而且凭借罗马帝国强大的影响力将玻璃器传播到世界各地。

该花瓶为绿色玻璃，长颈，是古罗马玻璃吹制技术的代表器皿。

绿玻璃弦纹带把器首

自汉代开始，随着丝绸之路的开辟，西方玻璃器通过丝绸之路进入中国。这些有别于汉代铅钡仿玉玻璃的西方钠钙玻璃器皿深受权贵们的喜爱，视为珍宝，多为皇家贵族所享用。隋唐时期，西方钠钙玻璃器及配方、技术传入中原，铁棒黏结与无模吹制工艺被全面掌握，从此开始以中国本土造型制作玻璃器皿。

新华珐琅厂调整计算书

珐琅是外来语的音译，也就是今天俗称的搪瓷。石英、长石、硝石和碳酸钠加上铅和锡的氧化物熔融而成的液态物质，涂在金属器物表面，形成不同颜色的釉质层，既可防腐蚀，也可以作为装饰之用。由于珐琅是一种无机玻璃质材料，因此珐琅厂也常常生产一些简单的玻璃器皿。新华珐琅厂是民国时期上海地区一家小型的搪瓷制造工厂。

稀土玻璃花瓶

1960年，上海市玻璃一厂试制成功含金、银等微量元素的感光玻璃。用感光玻璃制作的器皿，经过紫外线等短波光照射后能显示出特有的颜色，从而提高了玻璃制品的观赏价值。1963年，上海玻璃器皿二厂开发稀土玻璃器皿获得成功。稀土玻璃器皿的特点是折光性能好，在不同灯光的照射下能呈现出不同的颜色，具有良好的艺术视觉效果。稀土玻璃毛坯经过车刻工人的精雕细刻后成为高档的日用艺术品。上海玻璃器皿二厂的产品以稀土茶具、稀土花瓶最为著名，在20世纪70年代享誉一时。

190

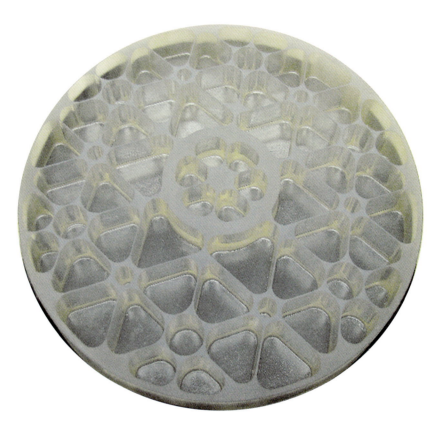

掺钕硅酸盐激光玻璃长棒

1967年，由中国科学院上海光学精密机械研究所研制成功。该玻璃棒直径120毫米，长5米，是迄今为止我国自主研制的尺寸最大的一支激光钕玻璃棒。当时，采用5米长的大型脉冲氙灯泵浦，实现了最高33.8万焦尔，效率为3%的激光输出，光束方向性为15-20cm·mrad。其玻璃性能达到国际同类产品先进水平，使我国激光核聚变研究进入世界先进行列。1978年获全国科学大会奖，1985年获国家科技进步二等奖。

零膨胀微晶玻璃

德国美因兹市肖特股份有限公司研制生产的ZERODUR无孔微晶玻璃，在温度波动的情况下膨胀/收缩系数近乎为零。由于其超凡的特性，自1968年以来，ZERODUR一直是天文望远镜特大镜坯的首选材料。而且，ZERODUR在光学和红外线的光谱范围均有着良好的透射特性以及高度的光学均匀性，因此也被广泛应用于各类手机、摄影摄像机、计算机和电视机的液晶显示屏，以及一些尖端的光学系统。

王沁《寒岩》

王沁，上海大学美术学院教师，玻璃艺术家。《寒岩》偏重于对天然静趣、山水清音的感悟，但并不描摹具体的自然，而是描绘隐匿的、无形的、现实世界背后的第二自然，以意象的表现手法，传达一种心境的空间和物态的距离，从而形成一种整体结构中的内在意蕴以及生生不息的运动感，体现那"深沉静默地与这无限的自然、无限的太空浑然融化，体合为一"的精神。

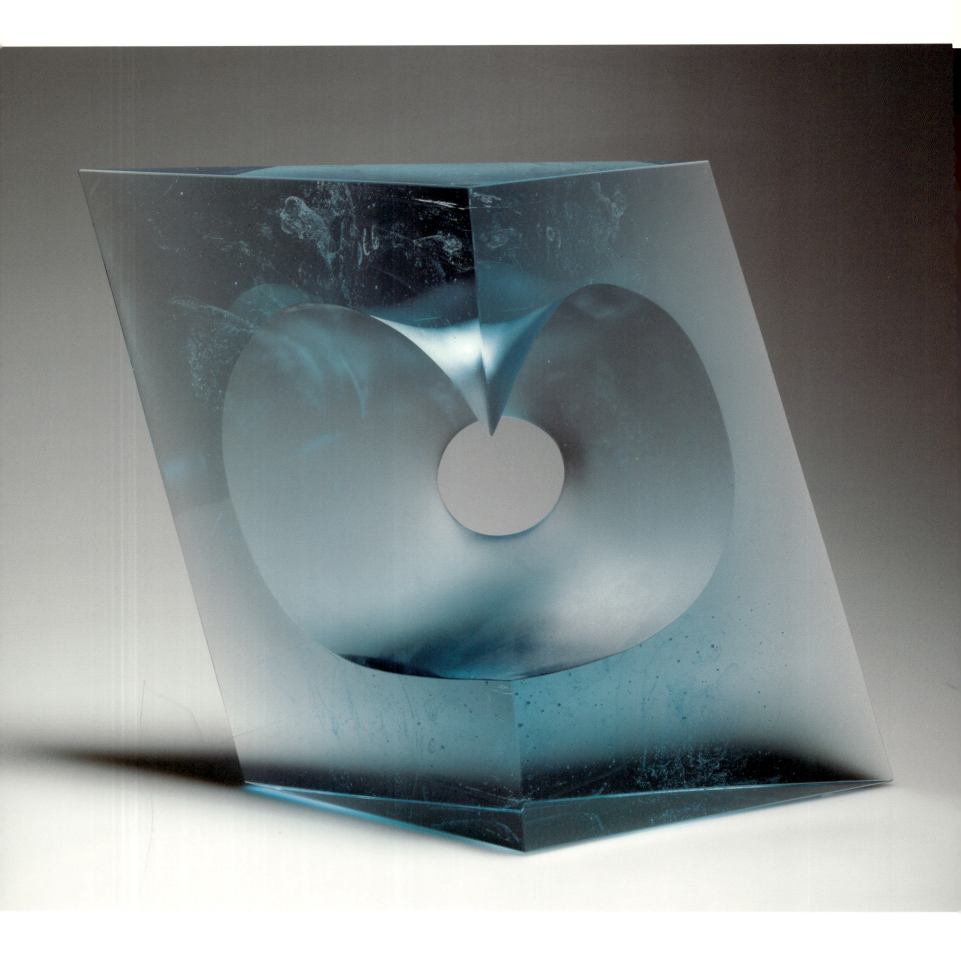

庄小蔚《天空与海洋》

庄小蔚, 上海大学美术学院教授, 玻璃艺术家。作品描述的是英国卡迪夫 (Cardiff) 海的风景: 寒冷的、略带浅灰色的海洋, 冰冷的水汽悬浮在清新而透明的空气之中。面对作品, 我们会领略一种摄人心魄的神秘之美, 感到一种天机将泄的骚动。

（英）Stuart Garfoot《冰珊瑚》

作为玻璃艺术家，同时又是设计师，Stuart Garfoot总是用玻璃作为表达自己思想的一种最为生动的语言。《冰珊瑚》所表现的是一种想象力，流动感和优雅被一刹那捕捉的感觉。艺术家Stuart Garfoot总是着迷于海底的珊瑚礁，在他眼里，它们是如此的多姿多彩，令人心驰神往。这些复杂、醒目并栩栩如生的的海底生物，以一种精神交汇的交流方式聚集在一起并互相依存。当它们是个体的时候，所表现的是动态，独立，个性；当它们在群体中，又会表现出互相依赖，一代代繁衍下去而生生不息。

（英）Max Jacquard《稻草人》

艺术家Max Jacquard试图用自身的形象，来刻画自身的某种特质，也希望借此刻画和他一样的普通人的共性。作为"2006清新之风"系列的一部分，《稻草人》这件作品的首次展出是在格洛斯特郡的Quennington老区的花园里。一个穿着玻璃铠甲的男人，在某种意义上有一些讽刺的意味：这是一件十分脆弱的保护装备，玻璃是如此易碎，任何东西都可以轻易把它击碎，对于穿上衣服的人来说就像如同作茧自缚。玻璃艺术作品不仅仅是在一个纯粹唯美的层面，它们同样也是表达思想的载体，不同的人，不同的视野，他所领会的东西也将不同。

（英）Nick Wirdnam《鱼》

Nick Wirdnam的作品多以鱼为原型，象征着身处社会中的人类个体的处境，造型简洁明快，散发着一种宁静平和的气息，表达了他对人际关系、亲密关系和人际距离的看法。他以不断变化的色彩、姿势和造型表达了一种思想：虽然我们都是拥有不同故事的个体，但许多人的基本体验是具有共性的。

（美）Steven Weinberg《船》

在"船"系列中，Steven Weinberg开始放弃对内部建筑元素的运用，通过对光线的捕捉和采用布局精巧的气泡来强化船身造型的曲线感，将观众带入斑驳陆离的玻璃世界。而且，Weinberg首次尝试了金、银等纯金属，通过铸造将其与玻璃结合成为一体。他以全新的、创造性的方式，采用古老的彩色玻璃制造技术，来实现现代水晶玻璃的铸造。更为重要的是，这个造型本身不单反映了船身的外部形态，更融合了Weinberg对水和海岸生活的热爱。

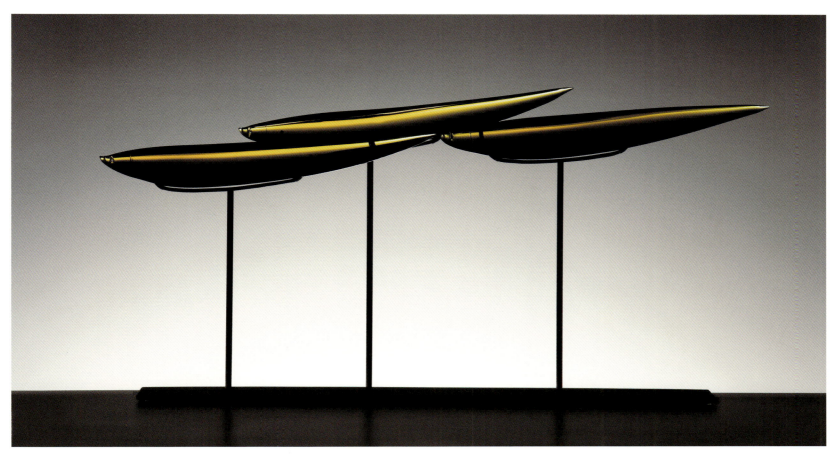

（美）Kait Rhoads《飞翔》

Kait Rhoads作品的许多创作源泉来自水下世界，他早年曾在加勒比海船上生活了六年，学会了潜水。珊瑚，在他眼中是最具有亲和力的一种生物。珊瑚种类丰富，基本构建是像蜂巢一样的六角形管，得以适应任何空间，同时又有着无尽的变化。同时，Rhoads认为紫菜和海带也具有相同的魅力，这些随着海水而上下波动的令人讶异的柔韧生物为他提供了无尽的灵感。正是加勒比海这段特殊的经历，使得他的作品深受影响，反映了他的部分生存法则和对人生的感知。

（意）Davide Salvadore《透明古柯叶》

Davide Salvadore擅长以生动的姿态视觉语言对传统的非洲符号进行重新诠释，为其注入新的活力。他的作品喜欢运用大地色系，并用鲜艳的色彩加以点缀，会让人联想到沙漠上清澈的蓝色夜空，或非洲纺织品的明亮色调。某些部位所具有强烈的雕刻感，使作品散发韵律般的质感。偶尔出现的充满美感的有机形态则令人叹为观止。对于Salvadore来说，制作玻璃艺术品已经成为他的一种生活方式，他做的任何事情都体现出对玻璃艺术的崇敬。

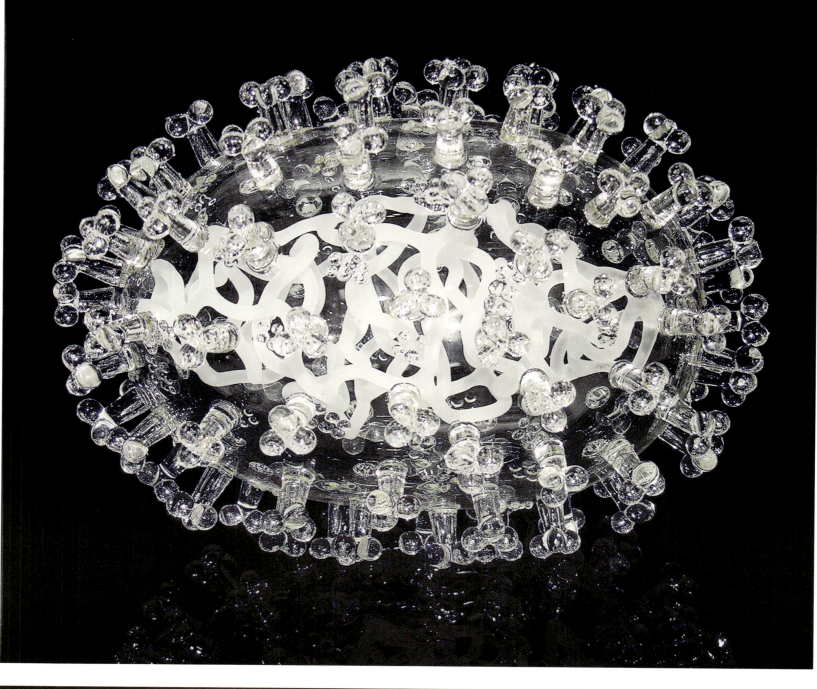

（英）Luke Jerram《椭圆形流感病毒》

Luke Jerram从2004年起开始创作这组玻璃艺术品。他以完全不同的方式呈现出病毒形态，与我们从媒体中看到的经人工处理的彩色病毒图像完全不同。事实上，病毒本身并没有色彩，因为病毒比光的波长都要小。在Jerram的作品中，病毒恢复了本来的色彩，焕发出如珠宝般美丽的光泽。玻璃雕塑艺术品的精美，与它们所表现的病毒题材，让参观者产生一种复杂的情绪。如今，Jerram玻璃艺术品的照片被广泛应用于医学期刊、教科书和各种媒体，已受到科学界的普遍认可。他们认为，这些作品真实地反映了病毒的形态，有很高的实用价值。

（美）Toots Zynsky《海蓝》

Toots Zynsky，这位出生于1951年的女艺术家，一直致力于呈现玻璃颜色的无限张力。而且，她创造了独一无二的玻璃艺术表现手法，她在一台自己设计构造的机器上生产超薄的玻璃丝。她的每件作品都是由不低于8千米的玻璃丝制作完成的。这些玻璃丝以不同的缤纷颜色组合，再用融合的技术，最后在模具里成型。她的艺术作品极具渲染力和梦幻感。虽然是静物，你却能感受到它在运动；虽然周围寂静一片，你却能听到曼妙的音乐。这就是Toots Zynsky作品的魔力和真实感。

（美）Amy Rueffert《胶囊》

Amy Rueffert作品的灵感来自维多利亚时期的装饰艺术品，这个时期的艺术品以简洁流畅和装饰性强而闻名。Rueffert喜欢在具有复古气息的玻璃盘上装饰形态优美的苹果、樱桃和梨等造型，然后再盖上吹制玻璃罩，使这些常见的普通物品焕发出精美绝伦的魅力。在作品的表面，Rueffert用花卉、婴儿、家畜和美女图案加以装饰，同时还融入了做工精致的藤工艺品容器图案，以及摘自食谱和《圣经》的文字。这些赏心悦目的图案以诗意化的方式进行拼接，很容易令人联想到维多利亚时代，同时也证明了女性在社会中的重要地位。

上海会馆史陈列馆

上海开埠以后，商业经济日趋繁荣，各地商贾云集上海，为了维护旅沪同乡的利益，相继兴建了以联络乡谊为主的会馆。据史料记载，上海历史上共拥有会馆、公所400余座，时间跨度长达三个多世纪。作为移民文化的重要载体，辉煌一时的会馆、公所见证了上海这一国际性大都市的崛起。三山会馆始建于1909年，是目前沪上唯一保存完好的晚清会馆建筑，1959年被列为市级文物保护单位。

整座会馆为二进三院，坐北朝南，飞檐翘角、气势雄伟，具有典型的福建建筑风格。会馆占地2800平方米，主体建筑面积1000多平方米。大门上方镌刻着"三山会馆"四个大字，两侧镶嵌着刻有精美浮雕的花岗石，上有"天后宫"青沙石匾。入门正面，是奉祀天后的大殿，这是会馆的主体建筑，除祭祀外也是议事之处，故又称为议事大厅。大殿正对着戏台，这是全馆建筑的精华所在，也是迄今上海市区极少几处保存完好的古戏台。两根沙青色大理石石柱、四根圆木顶柱，托住戏楼马头悬山式屋顶。举凡柱梁托架的角隅处，都饰有不同造型的木雕垂柱。戏台顶部是一个覆盂型撒花镏金八棱藻井。这座藻井具有良好的扩音效能，会馆的二层看楼和台庭前部，为听乐观剧最佳处。戏台还具有自洁功能，藻井上部居然一尘不染，令人惊叹不已。

这里也是上海工人第三次武装起义工人

纠察队沪南总部旧址。自1989年开馆以来，三山会馆已先后举办了"上海工人三次武装起义史料展"、"王若飞生平事迹展"、"南市英烈展"、"上海解放50周年老城厢史料巡回展"等展览活动，还在馆内设立了民间收藏品陈列。古戏台更是上海旅游活动中戏曲表演的重要舞台，曾经举行过上海人民广播电台与上海诗词会的"中秋诗会"朗诵，尤其是上海昆剧团献演的《琵琶行》、《牡丹亭》等传统曲目，已成为享誉梨园界的文化盛事。

上海申办世博会成功后，三山会馆又划入世博园区。为了使三山会馆新一轮发展更切合世博会"城市让生活更美好"的主题，同时也为了体现上海城市文化的特点，2010年在古建筑东侧新建上海会馆史陈列馆，该陈列以会馆公所的起源、兴盛、消逝为主线，以文物史料为支撑，配合现代化展示手法，从工商贸易、钱庄金融、风俗人情、公益慈善、酬神祭祀、爱国运动等六个方面，系统地揭示了会馆公所从兴盛到淡出历史舞台的发展轨迹。整个展览内容深入浅出、小中见大，融知识性、趣味性于一体，荣获了2009—2010年度上海市博物馆展览陈列评选精品奖。

见证历史，传承文明。三山会馆暨上海会馆史陈列馆是上海城市文明传播的窗口，也是会馆史研究、收藏、展示中心，更是沪上一道新的历史文化景观。

关山东公所界石碑

尺寸：400×300×100mm

关山东公所是清顺治年间（1638–1661）关东、山东两地商人在上海组建的移民组织，是沪上第一个同乡团体。该界石碑于三山会馆铺路石中偶然发现。虽已残损，但"关山东"三字仍清晰可辨。此石碑历时三百五十余年，系迄今为止发现最早的会馆界石碑，弥足珍贵。

四明公所界石碑

尺寸：350×300×130mm

四明公所，又称宁波会馆，是清嘉庆二年（1797）浙江宁波商人创建于上海县城北门的的同乡团体。同治十三年（1873）和光绪二十四年（1898），为抗拒法租界当局强占公所土地，发生了两次流血事件，史称"四明公所事件"。20世纪80年代初，公所被拆除，仅剩红砖门楼。

履业公所门额

尺寸：495×1180×80mm

清末，制革工业的兴起带动了皮革制品业的发展。同治七年（1869），上海鞋业业董巢学勋发起成立靴鞋公所，址设邑庙凝晖阁。1917年于梅溪弄购地建屋，更名鞋子公所，1920年4月改名为履业公所。后加工鞋底、皮底的粗线公所，以及专制鞋面、开片的细线公所，相继并入履业公所。

商船会馆彩绘花板

尺寸：375×915mm

商船会馆是上海设立较早的行业组织之一，也是上海最大的会馆。清康熙年间，上海沙船业迅速发展，逐渐成为海上航运的主力。康熙五十四年（1715），沙船主于沪南马家厂之北（今会馆街38号）集资建造商船会馆。馆舍占地面积近20亩，大殿为天后宫，前有二层戏台，台上有八角形漆画藻井。殿前左右两侧各建二层看楼，殿后有集会议事大厅。此木雕花板系商船会馆古戏台上的遗物，上雕戏文人物图案，并施以彩绘，背后有毛笔书写的"商船会馆"四字。

206

三山会馆徽章

> 尺寸：直径30mm

三山会馆，亦名三山公所、三山福宁会馆、三山果桔会馆，是寓沪福建福州果农、果商所建的同乡兼同业组织。此枚徽章设计颇具匠心，造型别具一格。其外围设计成齿轮状，共九齿。徽章圆心上方，有"三山"两字组合纹样，分设红、绿二色。这是民国时期三山会馆的徽章。

点春堂糖业裕大恒栈司章

> 尺寸：53×47mm

点春堂始建于清道光年间，是豫园内一座呈五开间大厅的建筑。清道光元年（1821），福建汀州、泉州、漳州商人在此创建糖业公所。1853年9月，小刀会发动起义，占领了上海县城。起义军左元帅陈阿林即为福建商人，因此豫园点春堂成了小刀会的城北指挥所。此枚证章，是清代点春堂糖业公所的遗物。

宁波旅沪同乡会铜镇纸

> 尺寸：375×25×7mm

宁波旅沪同乡会成立于1911年，是上海第一个订有严密章程的新式同乡团体。1921年，在西藏路480号建造同乡会大楼，设有各类活动设施，成为上海同乡会所的典范。宁波旅沪同乡会大力调解同乡纠纷，维护同乡利益，利用团体的影响代行交涉或抗争。1939年，宁波旅沪同乡会召开第二届征录大会，此铜镇纸为优胜奖纪念品。铜镇纸制作精美，右为兵车人物图案，左为篆文，纹饰古朴精致。

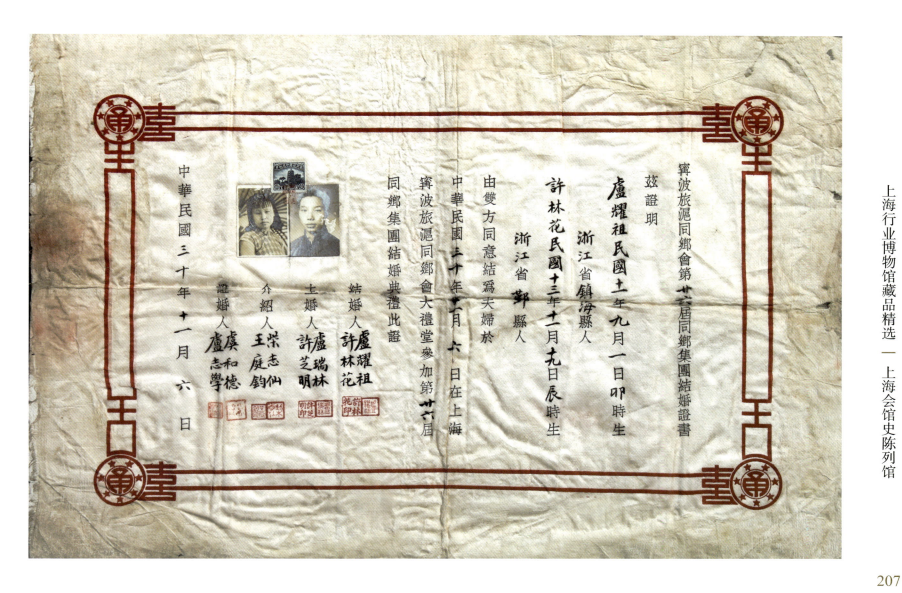

宁波旅沪同乡会集团结婚证书

尺寸：370×550mm

此为宁波旅沪同乡会1941年11月举办的第二十六届同乡集团结婚证书。该证书为绢本印刷，制作精美时尚，上面贴有新婚男女的头像照片和税票，并加盖骑缝印戳。由此可知，宁波旅沪同乡会举办的集团结婚，是经过当时政府核准的。该结婚证书是研究旅沪同乡组织不可多得的实物凭证。

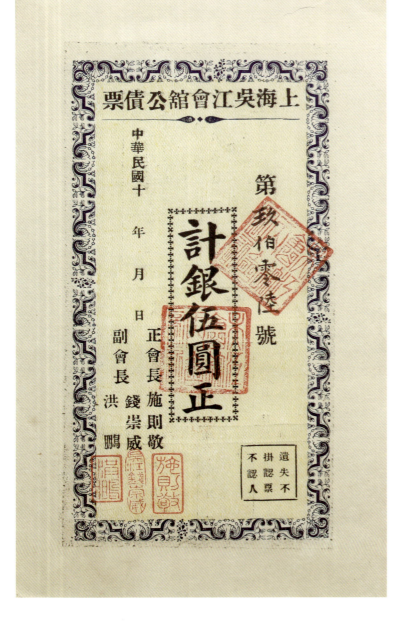

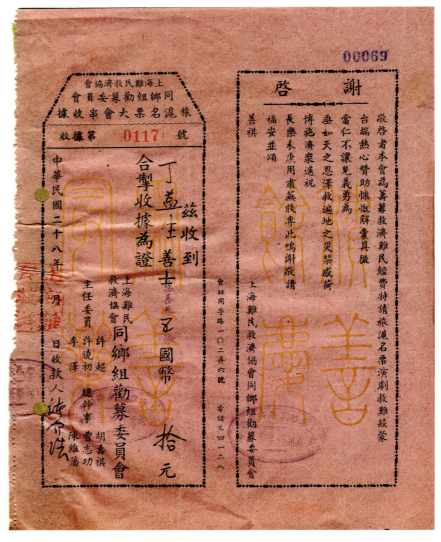

上海吴江会馆公债票

尺寸：215×128mm

吴江会馆成立于1922年，由江苏吴江旅沪工商业者组建。该公债票系民国十年即1921年为筹建吴江会馆而发行。

旅沪名票大会串收据

尺寸：201×155mm

上海难民救济协会成立于1938年10月18日，各地旅沪同乡组织均作为会员参加该会。抗战期间，上海难民救济协会曾多次组织各地旅沪戏剧名票大会串，为难民筹募救助经费。此收据不仅是旅沪人士参与抗战的历史资料，更是各地戏曲汇聚申城的见证，因而非常珍贵。

浙绍公所 砖雕门楣 第一暂留所摄门头影

胡椿生先生惠存

上海中国济生会敬赠

浙绍公所"第一暂留所头门摄影"

尺寸：235×300mm

此照片所摄图景为上海浙绍公所门墙。在"浙绍公所"砖雕门楣下挂着"上海中国济生会第一暂留所"横幅，印证了抗战期间沪上各会馆公所纷纷建立避难所收容难民的史实。中国济生会是抗战时期建立的慈善救济机构。

钱业公所榉木长案

尺寸： 2175×920×505mm

该长案造型为典型的江南苏式家具款式，独幅面板，框架案头。面板前沿分别有"钱业公所"、"元兴庄敬助"等刻款。此物为清光绪三十二年（1906）元兴庄钱庄捐助给上海钱业公所的物品。

钱业公所红木茶几

尺寸： 770×470×420mm

此红木茶几具有明显的晚清风格，整体造型凝重古穆，颇具雅韵。几面三边刻款，分别为"钱业公所"、"光绪丙午年"、"元源庄敬助"等字样。此物为清光绪三十二年（1906）元源庄钱庄捐助给上海钱业公所的物品。

清代黄花梨刻花供案

尺寸：3530×630×1280mm

供桌是放置在厅堂中央的一种长方形桌子，祭祀时可摆设香炉、蜡烛和供品。这张供桌是清代上海地区会馆、公所祭祀神灵所用，案面由一整块海南黄花梨木制成。海南黄花梨，又称海南黄檀木，原产于海南岛吊罗山尖峰岭低海拔的平原和丘陵地区。因其成材缓慢、木质坚实、花纹漂亮，始终位列五大名木之一。用海南黄花梨制作的家具，简洁明快，富丽堂皇，肌理花纹如行云流水，符合传统审美观念，也是文人士大夫所追求的境界。

钱庄铜钉"福在眼前"钱箱

尺寸：900×570×640mm

福在眼前，为一只飞翔的蝙蝠口衔方孔铜钱。"蝠"与"福"同音，人们常用蝙蝠的形象表达对幸福的追求。铜钱代表财富，"钱"与"前"谐音，"钱眼"即"眼前"。福在眼前，有福有钱，这一吉祥图案曾广泛应用于建筑、家具、陶瓷、服饰之上。钱箱周身布满铜钉，给人以牢固的安全感，"福在眼前"则蕴含着财源广进的美好寓意。

清代彩绘妈祖、千里眼、顺风耳组像

尺寸：285×160×130mm 200×80×70mm

妈祖，俗名林默娘，原是北宋时期福建莆田湄洲岛一位渔家少女。相传林默娘熟习水性，会预测天气变化，许多渔舟和商船常常得到她的救助，去世之后逐渐成为船工、海员、渔民、旅客和商人共同信奉的神祇。明代永乐年间（1403–1424），林默娘被封为"天妃"，清代初期又被封为"天后"，列入国家祀典。上海早期的会馆、公所，多由沿海客籍商帮所建，因此妈祖也就成为许多会馆、公所祀奉的主要神灵。

"上海会馆"铜质杯托

尺寸：直径60mm×高63mm

明清之际，上海地区作为举业之乡，曾在京城设立了几处科举会馆，例如设在北京的云间会馆和松江会馆。随着上海地区商业经济的不断发展，早期的科举会馆也开始转变职能，逐渐成为驻京商业会馆。另外，在一些通商大埠，上海也设有商业会馆或移民会馆，以凝聚人心，维护同乡利益。这是刻有"上海会馆"字样的铜质杯托。

会馆公所地名门牌

尺寸：不等

在上海地名的形成和发展过程中，除了政治、经济、文化等因素之外，移民的作用也是一个不可忽视的因素。从地名的演变，我们可以窥见外来移民的聚居和衍散，了解外来移民本身的变迁状况。保存至今且较为完整的会馆、公所为数已很少，但我们可以从一些遗留的地名中想象会馆、公所当年的风貌。

上海工艺美术博物馆

在汾阳路上有一块闹中取静之地，透过层层的绿荫和斑驳的铁栅栏，一栋华丽又不失婉约气质的白色建筑掩映于其中，使步履匆匆的过路人不禁驻足观望。它就是上海工艺美术博物馆，收藏了上海工艺美术的精品力作，同时又是上海非物质文化遗产保护基地。

上海素来有"东方龙首"之称，全国乃至全世界的文化在这里汇聚、交流、碰撞，于是海派文化应运而生。上海工艺美术博物馆不仅是建筑领域海派之典范，还是海派文化的聚集地，其特色的工艺美术更是海派文化领域中的一朵奇葩。

被戏称为"海上小白宫"的主体建筑原为法租界公董局总董官邸，解放后陈毅市长曾在此办公，朱德委员长也为其题词：继承和发扬工艺美术的优秀传统。建筑风格严格遵循了法国后期文艺复兴风格的经典样式，显得端庄而华丽；与之配套的园林景观则吸取了一些东方的元素，可谓是中西方建筑风格的完美融合。从正门进入后，沿着林荫道行至对着草坪池塘的建筑物正面，可以一睹博物馆全貌。在惊叹它的美丽之后，你会迫不及待地想要深入其中细细探寻。

从合抱式楼梯拾级而上，宽阔的半圆形露台映入眼帘，从大门进入二楼室内，这里是博物馆的陈列展厅。沪上工艺美术大师的代表作都被囊括其中，包括黄杨木雕、砚刻、竹刻、玉雕、象牙细刻、金银镶嵌等。这里仿佛是时空的回廊，带领观者走进艺术殿堂。

三楼是各个专业的工作室，兼具展示功能。绒绣和刺绣工作室相邻，绒绣擅长人物肖像、风景及静物的再创作，其色彩浓郁、层次丰富，极具艺术性；刺绣擅长中国画特别是工笔画的再创作，在继承顾绣的基础上更多地融入画意，使作品的内涵和品味大大提高。对面是面塑工作室，由赵阔明所创立的海派面塑现已被评为国家级非物质文化遗产，工作室内展示着"面人赵"和其传承人的面塑作品，尤为值得一提的是还有一幅苏联画家茹可夫的写生作品，讲述和记录了中西方交流的动人故事。还有编结陈列室和砚刻工作室，最后顺着环形楼梯而下，底层有剪纸和灯彩两项非物质文化遗产的工作室，民俗风味颇浓。

上海工艺美术博物馆的这种静态和动态相结合的展示模式使观众得以多角度全方位地了解了上海的工艺美术，它是海派文化的一张名片，在这里可以同时欣赏到上海建筑之美的代表和海派工艺美术。它不仅是一座充满着生命力的建筑，还散发着满满的人文气息和艺术魅力。

上海玉石雕刻厂翡翠玉雕《五亭炉》

尺寸：64×32×117cm

《五亭炉》借鉴我国传统亭台楼阁建筑艺术特色，用整块翡翠玉料雕刻而成。整件作品分上中下三层，上层亭顶雕有象征吉祥的宝葫芦，与六串椭圆玉环紧扣相连；中层以四只小亭顶相呼应，与主体一起构成五亭造型；下层亭身四端的玉环，前后面雕有喜庆的麒麟图案，左右两侧面配有厚实的虎环吞头。作者巧妙地将亭顶和亭身的天然翠绿俏色连成一片，使整件作品显得更加端庄、古朴，透射出一股豪迈之气。

上海玉石雕刻厂玉雕《双罐花卉瓶》

尺寸：21×17×12cm

《双罐花卉瓶》选用产于我国新疆的整块和田白玉雕琢而成，材质凝脂细腻、白净无暇。作品采用玉雕炉瓶和玉雕花卉工艺相结合，设计构思新颖，做工精湛。主体造型为双罐花卉瓶，寓意同心同德。瓶壁打磨平薄匀称，瓶口严紧密实，瓶盖双体同盖，展现了玉雕艺人高超的技艺水平。双罐花卉瓶四周，以桃花环绕，花朵利用玉料天然生成的俏色红点缀，更突出了作品的自然美和艺术美。

220

徐宝庆黄杨木雕《撑骆驼》

尺寸：11×8×7cm

徐宝庆（1926-2008），著名雕刻家、雕塑家、工艺美术大师。早年曾在土山湾孤儿工艺院学习绘画和雕刻，绘画师承日本美术家田中德先生，雕刻师承西班牙雕刻家那勃斯嘎斯。徐宝庆善于将西洋雕刻技法溶入中国传统雕刻艺术之中，开创了具有中西合璧风格的海派黄杨木雕。《撑骆驼》取材于上海弄堂游戏，人物神形兼备、动静结合，虚实对比有致，富有浓郁的生活气息和童趣。该作品用料相当充分，为海派黄杨木雕的经典之作。

徐宝庆象牙雕刻《我们爱科学》

尺寸：32×12×12cm

徐宝庆不仅精于木刻，还擅长牙雕。《我们爱科学》选用象牙下端罐口最次的部分，因材施艺而成。作品设计构思新奇，整个风格与传统牙雕有着明显不同。作者借鉴了西方雕刻的写实手法，充分运用象牙圆雕和透雕技术，讲究严谨的人体解剖结构，突出人物动态和神态的刻画，生动表现了青少年从小爱科学的志向。整件作品不仅四面可看，而且立足创新，所雕琢人物如此惟妙惟肖，是上海近代象牙雕刻中一件不可多得的艺术佳作。

顾振鹏象牙雕刻《龙女赠珠》

尺寸：53×35×19cm

顾振鹏，1945年出生于上海。1963年工艺美术学校毕业后进入上海玉石雕刻厂从事象牙雕刻，是海派象牙雕刻大师。这件《龙女赠珠》，运用象牙拼接工艺制作而成，结构严密，不露丝毫痕迹，将有限的原材料营造出最大限度的空间感。整件作品雕琢细致精美，层次分明，主体人物俊俏飘逸，辅以陪衬景物贴切合理，游鱼、飞鸟自然生动，水浪、火花错落有致。红木底座与牙雕巧妙结合，更增添了作品的艺术美感。

支慈庵竹刻臂搁《和平颂》

尺寸：33×10cm

支慈庵（1892-1959），江苏吴县人。长期寄居上海，当代竹刻艺术大师。"留青"是海派竹刻的一大特色，在极薄的竹青（即竹皮）上，运用各种刀法，将中国画的笔法、意境准确地表达出来。支慈庵是擅长留青竹刻的一代名家，他的竹刻技艺对现代江南竹刻精致、清淡、典雅风格的形成有较大的影响。在《和平颂》这件作品中，作者根据留青雕刻的工艺特点，成功地再现了花、鸟、树、石、水的不同质感、层次感和空间感，显示了作者炉火纯青的技艺和对中国绘画的深刻理解。

徐素白竹刻臂搁《梅花词》

尺寸：33×9cm

徐素白（1909-1976），江苏武进人。17岁来沪学艺，主刻扇骨，兼习书画。后经画家冯超然介绍推荐，与海上书画界人士广泛交往切磋技艺。他擅长留青技法，能融会古今书画名家之长处，通过竹刻体现各家不同的风采神韵。这件集画、词、印为一体并以留青竹刻工艺制成的《梅花词》，构图简练，内涵深刻。作品中梅花刀法精致、纯净质朴；诗词刀工激情横溢、洒脱自如；印章落款工整、韵味纯正，显示了作者多方面的艺术才能。

支慈庵竹刻摆件《蔬果》

尺寸：70×10×3cm

嘉定竹刻始于明隆庆、万历年间，清代嘉定县城已成为竹刻工艺的中心。嘉定竹刻艺人以刀代笔，将书、画、诗、文、印诸种艺术融为一体，赋予竹以新的生命，使竹刻作品获得了书卷之气和金石品味。《蔬果》这件作品是继承上海嘉定竹刻特色的典范，同时又很好地吸收了其他工艺品种之长。它巧妙地利用了竹的独有的拱状外形，并借鉴西洋浮雕的压缩、写实技法，香菇、壳笋、菜叶等无不栩栩如生，给人以新鲜感和立体感。

陈端友砚刻《香菇砚》

尺寸：15×14×3cm

陈端友（1892-1959），江苏常熟人。海派砚雕开山之祖，享有近代琢砚艺术第一大师的称誉。陈氏制砚以摹刻自然物体为主，诸如鸟兽、草虫、花果，以及古钟、泉币等等，构思巧妙，写实力极强。《香菇砚》是陈端友唯一一件未完成的遗作。整件作品用料严谨，完全保持了原料的天然外形。大小不一的香菇，看似散乱，实则布局非常讲究，疏密得当，错落有致，缺一不可。这件作品深刻体现了陈端友精湛的技巧，虽尚未完成，但海派风格脉络清晰可见。

张景安砚刻《旭日东升砚》

尺寸：27×18×5cm

张景安（1905-1975），祖籍江苏无锡。早年随砚刻、碑雕艺人张文彬学艺，后转拜砚刻名家陈端友为师。风格吸收西洋古典主义雕塑技法，并且结合中国古砚的传统形制，开创出有别于陈端友的海派砚刻另一支系。这件《旭日东升砚》，造型深厚、构图饱满，采用深刻、浮雕、浅刻多种工艺雕刻而成。作品中海鸥形态各异，旭日色泽圆润，海浪和云层清晰可辨，富有装饰美感，给人以气势宏伟、身临其境之感。

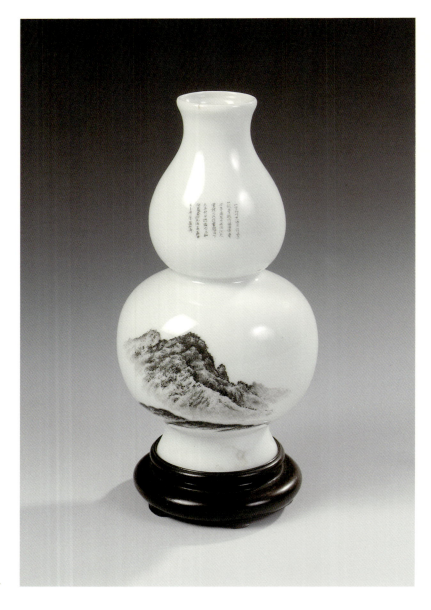

226

杨为义瓷刻《山水葫芦瓶》

尺寸：19×11cm

杨为义（1925-1988），祖籍江苏南京。瓷刻工艺家。早年受过现代美术教育，因此能将中国书画中的笔墨韵意融会于瓷刻之中，同时又能以西洋绘画中的明暗层次表现作品。这件《山水葫芦瓶》，以细腻的敲凿刻法，融汇了中国绘画点、线、面的基本元素，在葫芦瓶表面凿出各种深浅、大小不一的点组成线和面，形成了特殊的金石效果。整幅画面浑厚大气、意境浓郁，画面上方篆刻的书法小体更增添了作品空间感和艺术美感，生动体现了海派瓷刻艺术的特点。

薛佛影象牙细刻插屏《如松之盛》

尺寸：8×7cm

薛佛影（1904-1988），江苏无锡人。现代细刻工艺家。自攻细刻艺术，基本功扎实，尤善模仿名人字迹，且极具书法功力和笔墨韵味。作品《如松之盛》，画面不算细小，但作者用刀遒劲，构图配置精心，布局疏密有致。画中的老松苍劲茂盛，山坡、流水清新简约，其笔墨画意之精髓表现得淋漓精致。象牙细刻是微刻中最具代表性的工艺品种。作者以刀代笔，以刀法表现笔意，充分展现了匠心独具的设计和娴熟的技艺。

刘佩珍、刘佩金、刘佩芬、刘佩宝、刘佩珠绒绣《西斯廷圣母》

尺寸：186×141cm

刘佩珍（1922–2002），开创上海绒绣之先，是中国早期著名绒绣艺人。由刘佩珍、刘佩金、刘佩芬、刘佩宝、刘佩珠五姐妹绣制的《西斯廷圣母》，曾于1957年在莱比锡国际博览会展出。作者根据拉斐尔油画原作进行艺术再创作，运用独特的拼色技艺，以300多种彩帷绒线表现了1000多种色彩。整件作品制作精良，画面层次清晰，人物表情生动，布幔衣摺细腻，形、神、色、光都达到了较高水平，是现存为数极少的优秀人物绒绣艺术品。

赵阔明面塑《二进宫》

尺寸：不等

赵阔明（1899-1980），北京人。19岁起潜心研究面塑艺术。1938年到上海，拜老艺人潘树毕为师，艺益精进。1955年进上海市工艺美术研究室工作。赵阔明从小学过京戏，擅长戏剧人物和佛像，面塑《二进宫》是他的代表作之一。作者善于抓住主要情节，精心刻画。人物塑造注重形体动作和比例结构，表情各异，性格鲜明。服饰色彩绚丽，讲究线条的细腻与粗犷并存，雄浑与柔和共融。整件作品显得生动有趣，更具浓郁的喜剧效果。

林曦明剪纸《采茶春》

尺寸：127×97cm

林曦明，1925年出生，浙江义乌人。当代著名画家，中国剪纸学会名誉会长。秀美和壮美是林曦明剪纸艺术的两种风格，不仅具有江南水乡的细腻温婉，也追求西北高原的朴实豪迈。他将传统的具有民俗程式的剪纸，变革为一种可以表现现实生活、体现时代精神的新剪纸。剪纸《采茶春》，融入了传统的绘画技艺，集装饰性、情节性、叙事性、观赏性于一体。整件作品构图饱满，线条粗犷质朴，生活气息浓郁，生动地表现了新农村采茶女的形象。

王子淦剪纸《双鱼》

尺寸：75×55cm

王子淦（1920–2000），现代剪纸工艺家，作品兼容南柔北刚之风，题材无比广泛。尤其擅长即兴表演，在两三分钟内可剪出一件作品，被誉为"神剪"。

李尧舜金银摆件《布加迪皇家轿车》

尺寸：9×24×8cm

早在乾隆年间，上海金银器摆件已是闻名遐迩，尤其近百年来，吸取了国内外金属雕刻技术和先进的浇铸工艺，形成了独特的海派风格。这件作品，以18K黄金为原材料，按布加迪轿车的原型，以1:24的比例制作，造型优雅，做工独特。尤其是车身部分，采用国际流行的精镶工艺，镶嵌了208粒总重量为51.43克拉的钻石，使整辆车晶莹透亮、金碧辉煌，充分体现了作品高贵和非凡的气质。

冯秋萍手工编织《孔雀披肩》

尺寸：45×55cm

冯秋萍（1911-2000），上海民间编结工艺家。20世纪30年代开始开办手工编结学校，传授编结技艺，并出版编结专著，在上海家喻户晓。冯秋萍总共创造了2000多个绒线编织花样，设计了难以计数的经典编织工艺品，《孔雀披肩》是其代表作。她以孔雀羽毛为蓝本，运用钩针工艺巧妙地将绒线自相包绕扣结，追求编结图案镂空感。整件作品犹如开屏的羽衣，将其绚丽多姿的色彩表现得淋漓尽致，使普通的日用品提升到了极高的艺术景界。

苏惠萍顾绣《画眉蔷薇图》

尺寸：64×40×18cm

顾绣又称上海露香园顾绣，起源于明代隆庆、万历年间，至今已有四百多年的历史。这件作品取材于清代著名画家马荃的画作。画面严谨柔和，刺绣工整优美，尤其是作者在技艺上对传统顾绣又有了延续和发展，劈丝极为工细，将花、鸟等不同对象的质感表现得更加细腻入微。同时，作者运用现代绘画理论，色彩层次丰富、虚实有序，十分完美地体现了顾绣"如画"的艺术意境。

吕协庄立体灯彩《龙凤呈祥》

尺寸：92×100×50cm

吕协庄，17岁起跟随上海民间工艺大师、"江南灯王"何克明学艺，是"何氏灯彩"的第二代传人。"何氏灯彩"造型独特，工艺精巧，结构严谨，且活灵活现，堪称中国一绝。《龙凤呈祥》保持了"造型生动，讲究结构，富有生气"的传统技法，这一经典题材体现了"何氏灯彩"的最高境界，大气而精致，同时还融合了现代装饰艺术特色，用色响亮明快。作品中龙凤相对翩翩起舞，动态优美，四周祥云环绕，充满了吉祥欢乐的气氛。

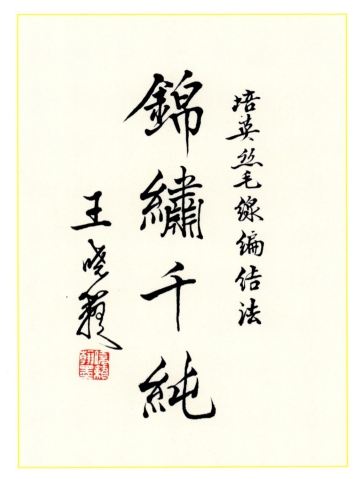

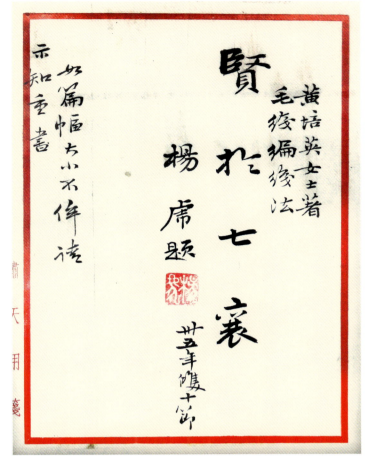

《毛线编结法》题词

尺寸：21×28cm

黄培英（1913-1983），上海人。年幼即爱好绒线编结，后应聘于上海丽华公司、荣华和安乐绒线厂教授编结技法。后开办培英编结传习所，并参加中华国货展览会，荣获特等奖、一等奖。她独创的桃、李、梅、蔷薇等花型的镂空毛衣，成为20世纪30年代女士们的时髦外套。1933年，她编写的《毛线编结法》一书，发行量高达30万册，打破了当时的出版纪录。这是海上闻人王晓籁、杨虎、杜月笙为《毛线编结法》一书的题词。

上海电影博物馆

上海是中国电影的摇篮，上海电影博物馆建于上海电影制片厂原址，总体面积达15000平方米，展品3000余件，是一座融展示与活动、参观与体验为一体，涵盖文物收藏、学术研究、社会教育、陈列展示等功能的行业博物馆。博物馆展分为四大主题展区，五号摄影棚及1座艺术影厅。

中国电影史上的诸多"第一"诞生于上海：第一部故事片、第一部有声电影、第一部美术片、第一家电影院、第一家电影制片公司……上海电影博物馆内丰富的历史珍藏和各种前沿互动科技，让电影爱好者沉浸在上海电影黄金岁月的永恒优雅中。博物馆四大主题展区分别为："荣誉：电影殿堂"、"体验：电影工场"、"溯源：在历史长河中"和"我身边的生活"，观众可以在这里看到夏衍、赵丹、孙道临、谢晋、胡蝶、阮玲玉、周璇、张瑞芳等14位中国电影史上具有代表性的人物及已故大师的珍贵资料及实物。"中国动画之父"万籁鸣手绘的《大闹天宫》分镜头台本、荣获奥斯卡技术成就奖的"闪电灯"、早期记录《义勇军进行曲》的电影拷贝、夏衍寄语电影演员张瑜的亲笔信、谢晋拍《芙蓉镇》留下的全文本记录、孙道临每天骑着上片场的"老坦克"……几乎摆在观众面前的每一件物品，在中国电影史上都"可圈可点"。馆内还设置了大量互动体验区，观众可以在"译制区"过上一把配音瘾，在拟音工作室体验"风声雨声、枪林弹雨"的声音特效。上海电影博物馆以独特的展示陈列和互动游戏，让人们身临其境，感怀中国电影人近百年的苦与乐。在建设博物馆的过程中，上海电影（集团）有限公司还特意保留了原五号摄影棚，将其改造成具有纪念意义和实用价值的超大电影放映空间。而早在20世纪30年代，这里就是联华公司拍摄基地的一部分。

上海电影博物馆呈现了百年上海电影的魅力，生动演绎了电影人、电影事和电影背后的故事，是满足大众电影文化需求的艺术圣殿，也是上海电影乃至中国电影最为重要的展示窗口之一，更将成为上海城市文化的新地标。

联华公司最早的摄影机

尺寸：80×50×170mm

联华影业公司是20世纪30年代中国四大民营制片机构之一，其出产的影片深受青年学生、知识分子和广大市民的欢迎。这台35mm NEWALL电影摄影机原属联华公司所有，机箱上的"联华"二字至今依然清晰可辨。该摄影机由位于英国彼得伯勒的纽维工程有限公司生产于20世纪30年代，共有4个镜头的旋转塔架，可配Cooke Speed Panchro镜头。联华影业公司使用该机摄制了大量经典影片，这台联华公司的摄影机也成为上海电影博物馆镇馆之宝。

电影《再会吧，上海》剧照底片

尺寸：160×150mm

《再会吧，上海》是阮玲玉1934年主演的一部重要影片。该片现仅存残片拷贝。上海电影博物馆珍藏的《再会吧，上海》剧照底片，为该片30年代的原版剧照底片，非常真实地呈现了影片的历史原貌，是我们认识阮玲玉电影创作的重要史料。

电影《孔夫子》剧照集

尺寸：297×420mm

《孔夫子》是费穆1940年拍摄的影片。费穆是中国电影史上公认的大师，拍摄的《小城之春》等经典电影享有盛誉。20世纪40年代，在日军侵略中国，上海沦为孤岛的时代背景下，费穆拍摄了《孔夫子》一片。影片借孔子的故事，呼吁国人保持民族气节。影片公映后，受到舆论的一致好评。上海电影博物馆馆藏的《孔夫子》剧照集，是该片在40年代的原版剧照集，全球独一无二，是一件极为珍贵的展品。

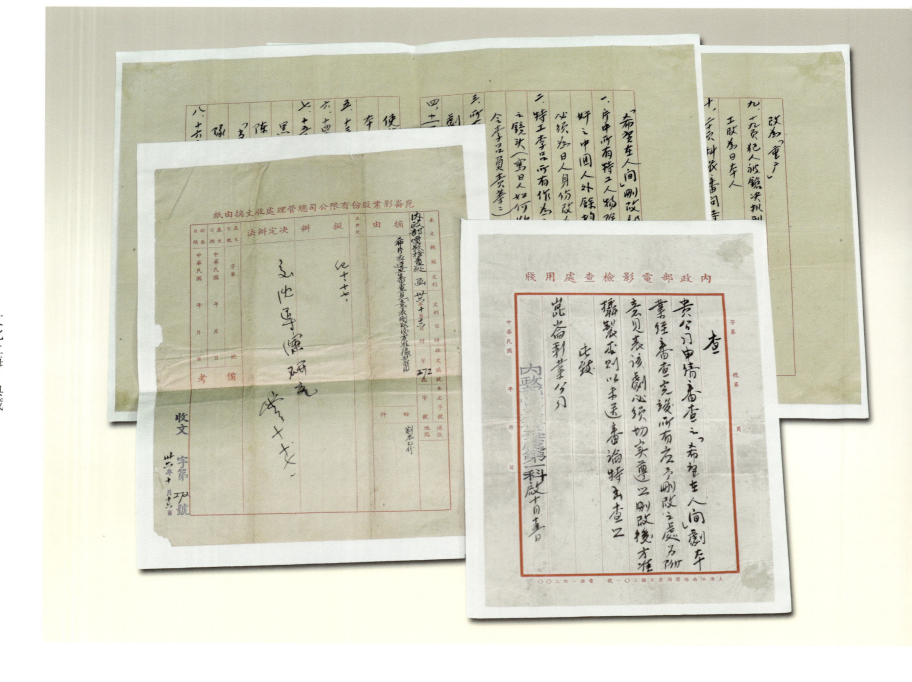

238

国民政府对《希望在人间》电影剧本的审查意见

尺寸：280×190mm

1947年，沈浮导演把酝酿已久的《希望在人间》电影剧本送审，国民政府内政部电影检查处提出了近20条修改意见，要求将剧本里的汉奸人物全部改为日本人。沈浮导演拒绝修改，后来经过多方面的交涉，剧本才得以投入拍摄。1949年4月，电影《希望在人间》公映，受到舆论的热烈赞扬。

《一江春水向东流》手抄油印剧本

尺寸：275×210mm

《一江春水向东流》是抗战后昆仑影业公司出品的著名影片，影片分上下集，真实地呈现了八年抗战及战后的中国社会生活。该片公映后，获得巨大成功。影片曾在上海创造连映3个月，观众达70余万人次的纪录。上海电影博物馆馆藏的《一江春水向东流》场景本等系列剧本，为我们展现了这部经典影片创作之初的历史原貌。

夏衍做过批注的《幸福》电影剧本

尺寸：260×185mm

夏衍是我国电影界的前辈，对上海的文艺创作非常关心。20世纪50年代，剧作家艾明之创作了剧本《幸福》，该剧以喜剧的方式，讲述了青年工人如何才能获得真正的幸福。夏衍对该剧创作提出了许多建议，并亲自修改了艾明之的剧本。后来，该剧被拍摄成同名电影，受到观众欢迎。上海电影博物馆珍藏的夏衍批阅艾明之剧本的手稿，见证了夏衍对上海电影创作的深切关怀，是一件珍贵的馆藏文献。

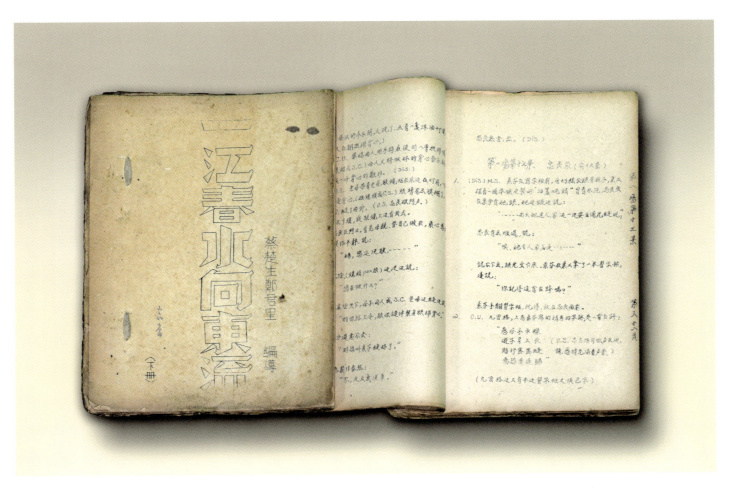

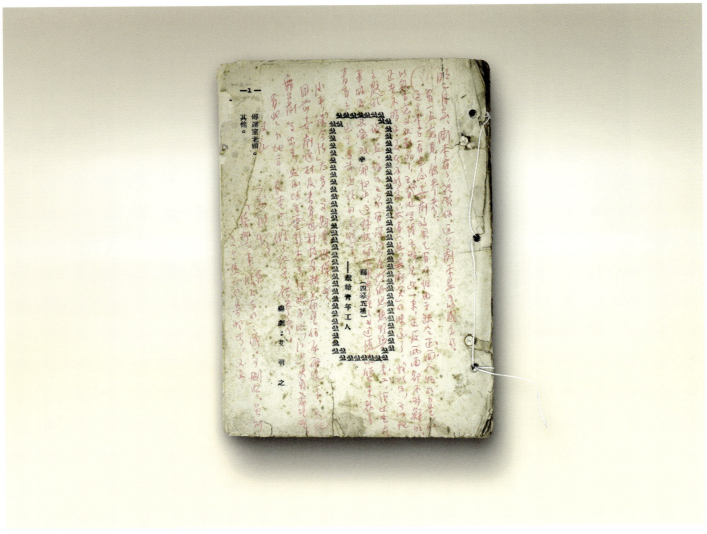

50年代上影厂演员定妆照

尺寸：400×180mm

1953年9月，上海电影厂演员剧团成立，专门负责组织上影厂众多演员的拍摄和演出工作。为了更好地服务于上海电影的创作与生产，演员剧团为每个演员拍摄了数张定妆照，并把诸多演员的照片汇聚在一本影集里，为电影导演们选用合适的演员提供了很大的方便。

国产ST-A型动画字幕摄影台

尺寸：800×500mm

1958年，八一电影机械厂研制了ST-A型动画字幕摄影台。没多久，上海美术电影制片厂就购置了这台逐格摄影的辅助设备。之后的50多年里，在这台设备的帮助下，上海美影厂摄制了《大闹天宫》、《哪吒闹海》、《三个和尚》、《宝莲灯》等数百部动画片作品。

陈毅送给《南征北战》主演陈戈的手表

尺寸：35×35mm

1952年，演员陈戈应汤晓丹等人之邀，到上海电影制片厂拍摄战争题材影片《南征北战》。片中陈戈扮演的师长，以陈毅元帅为人物原型。当陈毅接见陈戈时，见陈戈没有手表，便把自己佩戴的天津产手表作为礼物赠送给了他。这块珍贵的手表，见证了国家领导人对上海电影创作者的亲切关怀，也见证了上海战争片创作取得的杰出成就。

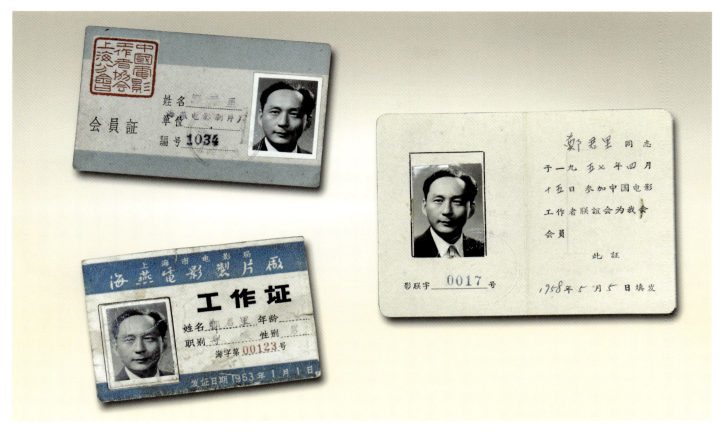

郑君里的会员证、工作证

尺寸：400×520mm

早在解放前，郑君里就参与了电影《一江春水向东流》、《乌鸦与麻雀》的编导工作。新中国成立后，他加入上海电影制片厂，后被划分到海燕电影制片厂，继续编导了《宋景诗》、《林则徐》、《聂耳》、《枯木逢春》等一大批影片。这几张证件采用了同一底版的照片，并且能够保存至今，可见郑君里导演思维、行事之缜密。

首次攀登珠峰拍摄科教片时使用的冰镐

尺寸：800mm

20世纪六七十年代，上海科学教育电影制片厂的殷虹导演，为了拍摄世界第一高峰的地理样貌，率领摄制组十几次攀登穆朗玛峰，并多次到达海拔6600米以上，最终完成了科教片《世界屋脊》的摄制工作。这把冰镐，始用于1964年，是殷虹导演攀登珠峰的得力帮手。

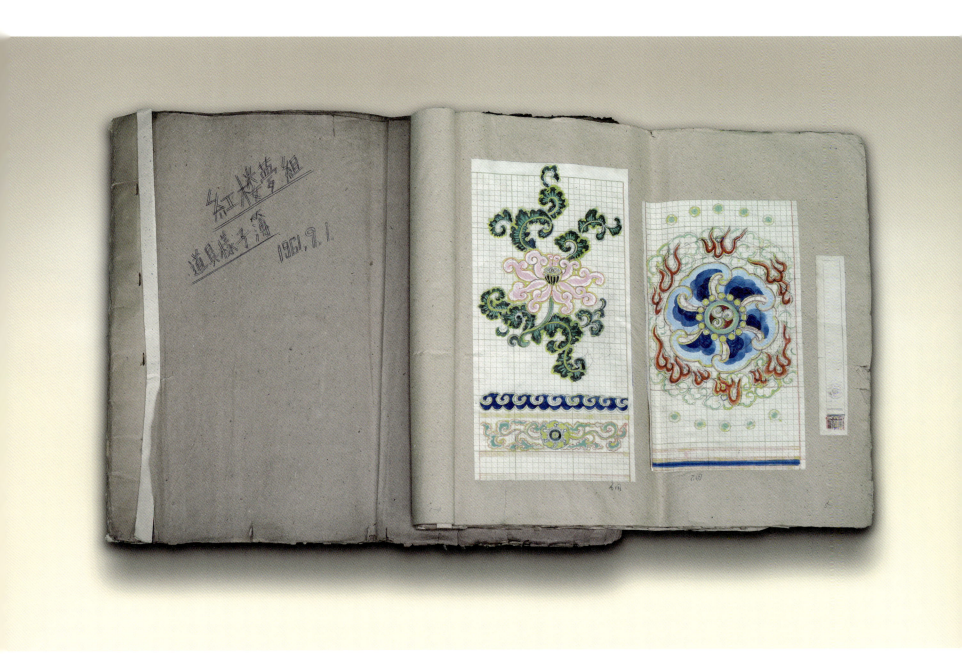

万籁鸣《大闹天宫》分镜头画面台本手稿

尺寸：240×163×50mm

《大闹天宫》是上海美术电影制片厂20世纪60年代拍摄的经典动画片。影片由动画电影大师万籁鸣导演。万籁鸣是中国动画电影事业的开拓者，早在20世纪20年代，他便从事动画电影创作。1941年，万籁鸣和万古蟾、万超尘、万涤寰一同创作了中国第一部动画长片《铁扇公主》。《大闹天宫》是万籁鸣拍摄的又一部以西游故事为题材的电影。影片公映后，获得巨大成功。万籁鸣为《大闹天宫》制作的分镜头画面台本手稿，细致呈现了他为《大闹天宫》付出的巨大努力，是一件极为珍贵的影片创作文献。

张光宇《大闹天宫》人物设计手稿

尺寸：423×660mm

张光宇是上海著名画家，20世纪60年代，他应邀担任了《大闹天宫》的动画设计。他为《大闹天宫》设计了孙悟空、太上老君、土地爷、王母娘娘、玉皇大帝、哪吒等一系列经典人物形象。其中，他设计的孙悟空给观众留下深刻印象。上海电影博物馆陈列了张光宇为《大闹天宫》设计的孙悟空人物造型手稿，非常珍贵。

《红楼梦》场景、道具设计图纸

尺寸：440×330mm　　420×330mm

上海海燕电影制片厂和香港金声影业公司1962年联合出品的《红楼梦》，是新中国成立后拍摄的著名越剧戏曲片。该片公映后，曾轰动香港、东南亚等地。影片精美的场景、道具设计给观众留下深刻印象。上海电影博物馆珍藏的该片场景、道具设计图纸，为我们呈现了该片美轮美奂的场景与精美道具的设计图样，展现了上海电影美术工作者高超的制作技艺。

拍摄尼克松访华新闻纪录片时用的照明灯

尺寸：550×500×400mm

1972年2月，美国总统尼克松访华，并代表美国在上海与中方共同签发了《中美联合公报》，开启了中美两国正常交往的大门。当时，上海电影制片厂接受领导指示，派出一支电影摄影队，带着这套新闻摄影灯，摄下了美国总统尼克松拜访上海街头的珍贵影像。

lightning strikes闪电效果灯

尺寸：840×330×220mm

这台广泛应用于好莱坞电影制作中的lightning strikes闪电效果灯，是在上海电影制片厂电光源高级工程师晏仲芳研发成果基础上制造而成的。这一照明灯具的功率高达70000瓦，不仅功率强大，而且体积小巧、视觉效果逼真。1996年3月2日，晏仲芳被美国电影艺术科学院授予奥斯卡技术成就奖。

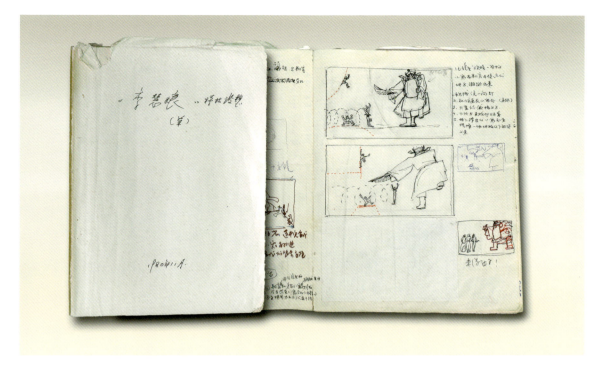

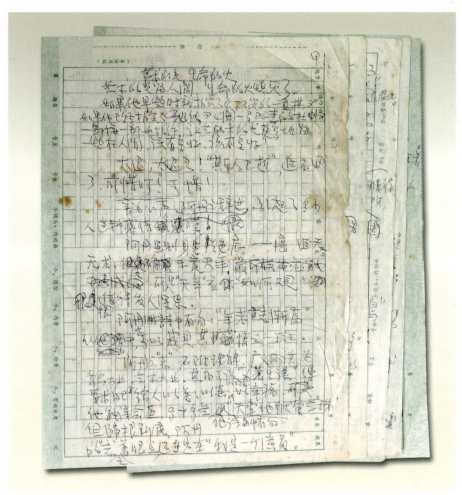

戈永良《李慧娘》特技设想手稿

尺寸：297×210mm

20世纪40年代，戈永良从卡通制作、绘景工作开始，逐步走上电影特技的道路，为《南征北战》、《林冲》、《飞刀华》等30余部影片的创作提供了特技支持。1980年底，为了戏曲片《李慧娘》的创作，戈永良绘制了详细的特技设想，这部影片也荣获了第二届中国电影金鸡奖最佳特技奖。

白杨怀念赵丹的文章手稿

尺寸：200×280mm

1980年10月10日，电影演员赵丹因病离开了人世。与赵丹合作出演过电影《十字街头》的演员白杨，写下了一篇怀念赵丹的文稿，名为《艺术的光，生命的火》，深沉地表达了对赵丹未竟天年的惋惜之情。文稿的第一句就是："艺术的光留人间，生命的火熄灭了。"

电影《城南旧事》获奖奖牌

尺寸：240×310mm

电影《城南旧事》，根据台湾女作家林海音1960年出版的同名中篇小说改编，上海电影制片厂1982年摄制，吴贻弓执导。影片曾荣膺第三届中国电影金鸡奖最佳导演奖、最佳女配角奖和最佳音乐奖。1983年，荣获第二届马尼拉国际电影节最佳影片奖。这是马尼拉国际电影金鹰奖奖牌。

吴贻弓使用的卡尺、秒表、放大镜

尺寸：不等

电影导演吴贻弓的随身三件宝——卡尺、秒表和放大镜。20世纪60年代，吴贻弓从北京电影学院导演系毕业，后进入上海电影制片厂，先后执导了《巴山夜雨》、《城南旧事》、《少爷的磨难》、《流亡大学》、《阙里人家》等影片。这些影片能够拥有精良的品质，与吴贻弓随身携带的三件宝不无关系。

徐桑楚用过的手杖

尺寸：100×900mm

从1949年起，徐桑楚历任长江电影制片厂厂长、海燕电影制片厂副厂长、上海电影制片厂厂长等领导职务。在领导制片工作期间，组织拍摄了《林则徐》、《老兵新传》、《天云山传奇》、《牧马人》和《城南旧事》等数百部影片。在他晚年的岁月里，还经常拄着拐杖，到上影厂了解制片工作的具体情况。

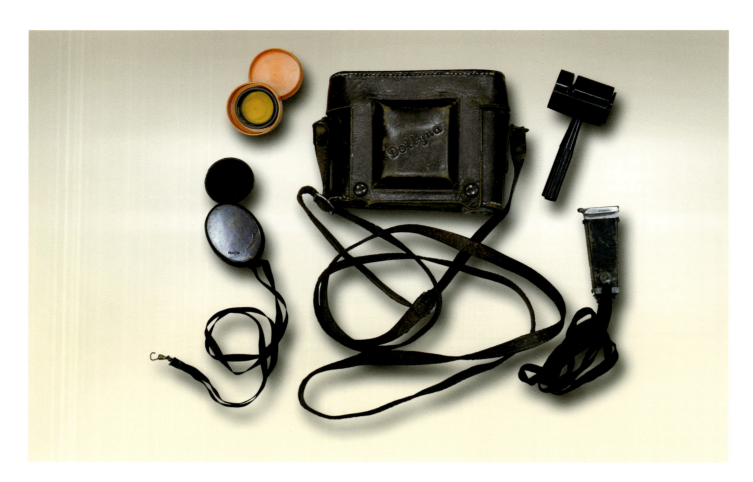

沈浮使用的照相机、取景器等物品

尺寸：不等

从20世纪30年代起，沈浮就开始编导电影。在他执导的《万家灯火》、《希望在人间》、《李时珍》、《老兵新传》、《北国江南》、《曙光》等影片里，都体现出一种大气恢弘的影像风格，这与他经常使用照相机、取景器等工具进行选景是分不开的。

黄绍芬使用的看光镜

尺寸：28×80mm

从20世纪30年代起，黄绍芬就开始从事电影摄影工作。在近70年的艺术生涯中，拍摄了《故都春梦》、《女篮五号》、《林则徐》、《梁山伯与祝英台》、《白蛇传》等近百部电影。作为摄影师判断光影层次的"眼睛"，这只看光镜伴随了黄绍芬的一生，帮他确立了构图质朴、用光简洁、层次分明的摄影风格。

艾明之用过的钢笔

尺寸：150×10mm

1952年，艾明之调至上海电影剧本创作所担任编剧，此后又转至上海电影制片厂担任编剧，先后创作出《护士日记》、《幸福》、《常青树》等电影文学剧本，为新中国的电影事业做出了巨大的贡献。

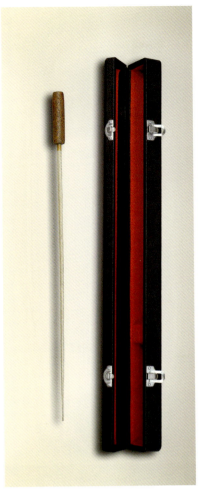

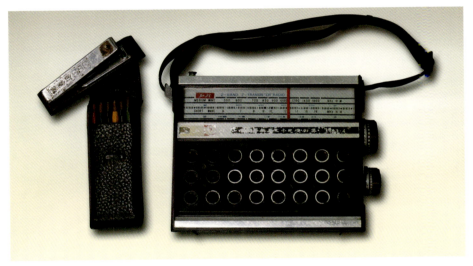

陈传熙自制的指挥棒

尺寸：300mm

20世纪30年代，陈传熙考入上海国立音专，从此走上了音乐创作的道路。1958年，陈传熙调至上海电影乐团，指挥演奏了200多部故事片、美术片、科教片和译制片中的音乐，成为上影乐团的代表人物。凭借惊人的听觉，陈传熙可以把外国片里的原创音乐记录下来，并组织乐团重新演奏。

葛炎使用的小提琴

尺寸：680×240mm

抗战时期，葛炎就加入了八路军剧团、文工团，担任音乐队队长兼指挥。新中国成立后，葛炎担任上海电影制片厂作曲组组长，为《南征北战》、《聂耳》、《阿诗玛》、《天云山传奇》、《高山下的花环》等影片创作了富有感染力的音乐。这把陪伴葛炎大半生的小提琴，屡次帮他找到音乐创作的灵感。

王云阶使用的收音机、彩笔和订书机

尺寸：不等

在数十年的艺术生涯中，王云阶为《万家灯火》、《丽人行》、《三毛流浪记》、《林则徐》等几十部影片创作了生动感人的电影音乐。其中，电影《护士日记》的插曲《小燕子》，脍炙人口，传唱至今。尽管艺术成就丰硕，王云阶却一直保持着艰苦朴素、勤俭节约的生活作风。

宣景琳用过的梳妆用品

尺寸：不等

20世纪20年代，宣景琳与张织云、杨耐梅、王汉伦一起，被评为上海滩四大女明星。在数十年的演艺生涯中，宣景琳参演了《上海一妇人》、《真假千金》、《歌场春色》、《家》、《长虹号起义》、《家庭问题》等影片。她善于化妆、戏路宽广，既能饰演妖媚角色，也能饰演悲剧女性。

汤晓丹使用的字典和放大镜

尺寸：不等

20世纪30年代，汤晓丹进入天一影片公司，开始了自己的艺术生涯，执导了《天堂春梦》、《南征北战》、《渡江侦察记》、《红日》、《南昌起义》、《廖仲恺》等影片。汤晓丹善于学习，在生命的最后几年，他还经常拿着放大镜，孜孜不倦地学习英文，为出国看望自己的孩子做准备。

魏鹤龄收藏的箫

尺寸：450mm

20世纪30年代，魏鹤龄从话剧舞台走上电影的大银幕，先后在《马路天使》、《乌鸦与麻雀》、《家》、《祝福》等影片中扮演重要角色，其表演含蓄而深沉，擅于揭示人物丰富而复杂的内心世界。这是魏鹤龄参与拍摄电影《摩雅傣》时，傣族影迷朋友送给他的一对箫。

孙道临骑过的自行车

尺寸：1950×1010×570mm

新中国成立后，孙道临加入上海电影制片厂，担任电影演员。每天他都从武康路的家里出发，骑着一辆永久牌自行车，到漕溪北路的上影厂拍戏。为此，他还专门写了一篇名为《老坦克》的散文，记叙自己骑着自行车上下班的独特感受。

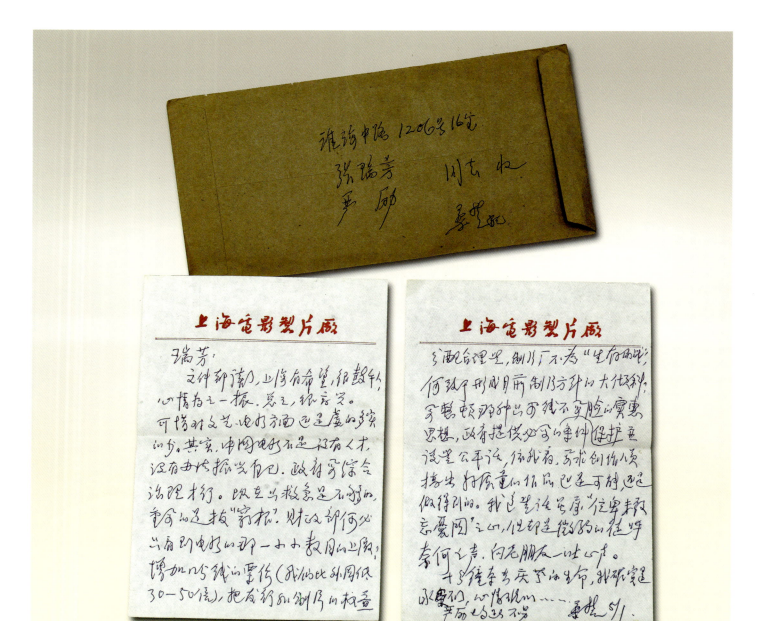

徐桑楚写给张瑞芳的信

尺寸：200×280mm

1990年5月1日，退休在家的原上影厂厂长徐桑楚在看过演员张瑞芳寄来的文件之后，给她写了一封回信，表达了自己对中国电影发展现状的忧虑之情，并提出了一些具体的建议。值得一提的是，徐桑楚是强忍着悲痛写下这封信的，因为他的妻子张庆芬4月份刚刚去世。

黄准用过的秒表

尺寸：35×35mm

20世纪50年代，黄准进入上海电影制片厂，为《家》、《女蓝5号》、《红色娘子军》等几十部影片谱写了电影音乐，为影片增添了巨大的情绪感染力和艺术魅力。在谱写电影音乐的过程中，黄准使用这个秒表去控制音乐的时间和节拍，努力使它们精确到每一秒。

谢晋的旅游鞋

尺寸：280×60×110mm 一双

1941年，谢晋进入国立戏剧专科学校学习，师从曹禺、洪深、焦菊隐等名家。后进入上海电影制片厂担任导演，执导了《女篮五号》、《红色娘子军》、《舞台姐妹》、《天云山传奇》、《牧马人》、《高山下的花环》、《芙蓉镇》、《鸦片战争》等影片。谢晋生前最爱穿着休闲服和旅游鞋，笑呵呵地出现在各种场合。

白沉遗留下来的毛笔

尺寸：280×48×28mm

2002年11月，白沉导演离开了人世。在上影厂担任导演期间，白沉执导了《南岛风云》、《大桥下面》、《秋天里的春天》等影片。遵照白沉的遗愿，后人用他的白发做了一支毛笔，并在笔杆上刻写了"白沉"的名字、生卒年月和"留下青丝、天长地久"几个字，作为最后的留念。

上海美特斯邦威服饰博物馆

从古迄今，中国人的服饰经历了怎样的演变过程，其中蕴含着何等丰富的民族文化？少数民族如何织布制衣？传统元素如何与现代时尚融合演绎？坐落于浦东新区美特斯邦威集团上海总部园区的上海美特斯邦威服饰博物馆，将带您漫步服饰艺术的历史长河，领略绚烂璀璨的服饰文化。

博物馆的展馆面积达2000多平方米，文化长廊是一组反映以采桑养蚕、纺纱织布、刺绣裁衣为主题的大型铜雕壁画，不仅体现了传统服装裁制的生态过程，栩栩如生的画面，大胆夸张的造型和装饰效果，更是一道赏心悦目的服饰文化风景线。博物馆的陈列以中国历代与民族纺织服饰发展史为主线，分为衣冠王国、民族华章、民间风韵、精美饰品、绚丽织绣五大展区，充分体现学术性与科普性的结合、少数民族与汉族纺织服饰的融合、品牌文化与传统文化的交融等特点。

作为国内领先的服饰专题的民办博物馆，上海美特斯邦威服饰博物馆经过多年的精心征集，目前馆藏服饰类藏品8000多件（套），其中品类齐全的清代服饰、丰富的民族服饰已成为其收藏优势。尤为珍贵的是已故著名文学家、中国服装史研究泰斗沈从文先生服饰研究的遗作手稿，可谓镇馆之宝。

置身陈列展厅里，不仅可以欣赏到清嘉庆明黄地十二章缂丝龙袍、清道光纱地平金纳纱绣金龙彩云纹朝袍等宫廷珍品，还能近距离观看三十余个少数民族的服装、织绣、银饰和纺织器具。如月亮山地区苗族百鸟衣、海南本地黎族双面绣贯头女衣、具有浓厚宗教色彩的道公袍等，这些古老的服饰，通过多媒体展示及织绣工艺现场演示等方式，多角度、立体化地展现了我国少数民族极具异域风情的纺织工艺和服饰风貌。

上海美特斯邦威服饰博物馆是集收藏研究、陈列展览、对外交流和员工教学（结合美特斯邦威大学）于一体的服饰文化研究、展教机构，旨在努力抢救和保护中华民族服饰文化瑰宝，弘扬民族精神，给后人留下民族的记忆，同时也为研究中华服饰文化的专业人士和对中华服饰具有兴趣的广大民众提供较为全面的藏品及资料。

清代明黄缂丝五彩金龙十二章纹夹龙袍

尺寸：衣长150cm，袖通长191cm

此为皇帝吉服袍。吉服也称采服，用于劳师、受俘、赐宴等一般典礼，等级略次于礼服。因袍面多以龙为图案，也被称为"龙袍"。该袍圆领，大襟右衽，马蹄袖，四开裾。明黄地缂丝面，明黄色袖里，石青地缂丝双龙戏珠纹领袖边，外为织丝双距纹缘。袍面缂织金龙纹九条，间饰五色云幅纹、十二章纹、长圆寿字纹、寿桃纹及珊瑚、方胜等杂宝纹，下幅为八宝平水和立水纹、海水江崖纹。龙袍周身蝙蝠和流云寓意"福自天来"，中间多只红蝙蝠组成"天降鸿福"。

清晚期月蓝暗花缎貂皮端罩

尺寸：衣长125cm，袖通长179.2cm

此为清代贵族所穿端罩。对襟，两袖平齐，下长过膝，左右及后开裾，裾长56.5厘米。反毛，制作时将皮毛一面朝外，以区别普通的裘皮服饰，内饰月蓝暗花缎里。端罩也称"褡"，是清代贵族所穿的皮衣，通常罩在袍服外面，多用于冬季。为使活动方便，一般在腋下开衩，并以带缀之。上自帝王贵戚，下至宫廷侍卫，礼见朝会时都可穿着，所用材料各有定制。

清晚期锁纹织金锦绣蟒战袍

尺寸：甲衣长89cm，袖通长200cm
甲裳长103cm

此为清末将军所着战袍。上身为圆领对襟式铠甲，双肩各装有缀鎏金龙纹铜版的披膊，护肩下有护腋，甲衣盲胸为护心镜，腹部有前裆，腰左侧处有左裆。下面的腿裙称作甲裳，左右两片，前后分衩。在两幅甲裳之间正中接缝处，覆有质料相同的虎头蔽膝。以上配件除护肩用带子联接外，其余皆用钮扣相联。在穿着时，由下而上，先穿甲裳，再穿甲衣，待佩上各种配件后，再戴盔帽。清代的铠甲与前朝相异，有明甲、暗甲、棉甲、铁甲之分。此袍当属棉甲，为将军上战场时所穿的甲胄。

清晚期大红缂丝彩绘八团万代葫芦纹女夹袍

尺寸：衣长136.6cm，袖通长192.5cm

此为清晚期宫廷贵族所着的礼服。圆领，大襟右衽，马蹄袖，左右开裾。大红色缂丝面，月蓝色绢衬里，石青色地缂丝葫芦花纹领袖边，外沿为锁纹织金缎。锁纹是传统吉祥图案之一，寓意着锁住生命之神，祈祷长命、长久不断，广泛用于建筑、家具、衣料等图案上。所谓"八团"，指衣面上缂丝或绣成的八个彩团图案，一般用于新婚服饰。此袍设色丰富，晕色和谐，缂工细腻精湛，彩绘逼真生动，对于葫芦图案的表现尤为淋漓尽致，除了彩绘葫芦，还饰有方胜纹、柿蒂纹、寿字纹、万字纹等。

清晚期绛色云肩领三蓝人物大镶边女褂

尺寸：衣长105.7cm，袖通长153.8cm

此为晚清汉族妇女服饰。低领对襟，四合如意云肩领，左右开裾，形制宽大，以绛色绸为料，宽袖，袖口饰白色暗花挽袖，为暗八仙云纹图案。裾高及腋，裾头沿边有如意云头。云肩领、门襟、下摆、两侧镶饰三蓝人物绣花绦，外饰蝴蝶盘长纹花边。四合如意，指四个如意头从四面围拢钩连起来，象征诸事如意。

清晚期粉红暗花缎立领对襟女马褂

尺寸：衣长74.5cm，袖通长122.6cm

此为清末妇女上装。低领、对襟、左右开裾，前胸饰两个相对的如意云头。面布为粉红蝶恋花纹暗花缎，里布为绢。镶滚的黑缎上有刺绣，主要图案为蝶恋花纹。花卉采用折枝形式，包括梅花、兰花、竹和松。松、竹、梅被人们称为"岁寒三友"，寓意做人要有品德和节操。镀金纽扣正面为团鹤纹，背面刻有"世昌"二字，另刻有RICH TREBLE GILT和T.W&W.M等字。TREBLE GILT是三重镀金的意思，"世昌"和RICH则代表着德商在华开办的世昌洋行和瑞记洋行。这枚纽扣是典型的特定时代中西结合的产物。

民国红缎彩绣花卉纹对襟女褂、黑缎彩绣花卉纹马面裙

尺寸：衣长74.3cm，袖通长130.7cm，裙长101.1cm

此为民国初期女褂裙。上褂立领，对襟，两侧开衩。通身彩绣花卉纹样，领、襟、袖口、下摆及开衩处饰以白地花卉纹绦边。整件服装绣工精细，色调鲜亮、喜气而又雅致。下配黑色花卉纹刺绣马面裙。民国初年，上衣下裙最为流行，领、袖、襟、摆多镶滚花边或刺绣纹样，衣摆有方有圆，宽瘦长短的变化也较多。但清式的马面裙慢慢简化，褶裥越来越少，乃至消失。

民国妃色缎彩绣花卉纹袄裙

尺寸：衣长57.4cm，袖通长109cm，裙长89.5cm

该套装为20世纪20年代的"文明新装"样式。上袄立领、右衽、圆摆、倒大袖，衣身短而窄；下配以流苏长裙。整套袄裙以素缎为料，通身彩绣各色折枝花卉，纹样精美，绣工精细。"文明新装"由上袄下裙组成。上衣多为腰身窄小的大襟彩袄，摆长不过臀，袖短露肘或露腕呈喇叭形，袖口一般为7寸，称为倒大袖，衣摆多为圆弧形，略有纹饰。裙为套穿式，初期流行黑色长裙，长至脚踝，后慢慢缩短至小腿上部。

民国蓝色暗花缎短袄、黑色暗花缎长裙

尺寸：衣长55cm，袖通长110.8cm，裙长87.2cm

此为20世纪20年代"文明新装"样式。上袄立领，大襟右衽，倒大袖，圆摆，两侧开衩，收腰合体。以月蓝色暗花缎为面，内里为灰蓝色斜纹棉布，领口、襟、袖口、下摆镶西式花边。裙为两片裙，腰头为浅蓝色平布，裙身为黑色暗花缎，大花卉纹。手工制作，平面裁剪，风格淡雅秀美。

民国黑色几何纹团花罗马褂、灰色暗花绸长袍

尺寸：马褂：衣长53.5cm，袖通长156.5cm
　　　长袍：衣长132cm，袖通长156.5cm

此为民国时期马褂。外为黑色对襟暗花罗马褂，内为右衽大襟的灰色暗花绸长袍。长袍马褂为民国时期男人的礼服，在任何正规的场合，穿长袍马褂都可参加，商人往往以穿长袍马褂为时髦标志。民国马褂和清代马褂在款式上区别不大，只是大襟和曲襟马褂在民国不多见。此外，民国马褂多用黑色，花纹也从清代的大团花改用小团花和寿字，整枝花图案在民国马褂上基本不用，比较流行的是没有图案的素纱、素罗和素缎。马褂在20世纪三四十年代后穿用者逐渐减少。

民国浅紫色素缎旗袍

尺寸：衣长113cm，袖通长113.2cm

此为20世纪20年代末南派款式旗袍。立领，右衽，阔袖，两侧开衩，收腰合体，长至小腿肚。以紫色缎为面，内里为白地印花碎花斜纹绸，领、襟、袖、摆及开衩处用黑缎绲边，纽以黑缎制成葡萄纽，侧边分别以两粒一组和三粒一组交叉缝合于面布上，手工制作，平面剪裁。20年代末，受欧美短裙潮流的影响，旗袍开始收腰，摆线提高至膝下，仍为倒大袖，但袖口变小，装饰性质的镶滚趋向简洁，甚至完全取消，色调也力求淡雅和谐，整体上显得简洁方便。

268

民国浅黄色印花缎短袖旗袍

尺寸：衣长124cm，袖通长49cm

此为20世纪30年代南派款式旗袍。立领，右衽，窄袖，两侧开衩，收腰合体，长至脚踝。以浅黄色印花缎为面，内里为浅黄色绢，领、襟、袖、摆及开衩处用浅黄色缎和红色缎滚边，以红色缎制成花钮和葡萄钮，侧边以三个揿钮缝合于面布上。手工制作，中式平面裁剪，面料为手工印花。

民国黄缎绣花卉纹短袖旗袍

尺寸：衣长115.6cm，袖通长52.3cm

此为20世纪三四十年代女士旗袍。立领、右衽、短袖、两侧开衩。收腰合体，裙长至脚踝。以柔软的黄色缎为料，领、襟、袖口、下摆贴饰西式花边。肩、下摆处绣饰蝴蝶、蜻蜓、梅花等图案，绣工精致，图案风格写实细腻。中西合璧的装饰、简洁的设计和短小的衣袖，体现出了当时旗袍的风格特征。

民国黄色花卉纹短袖旗袍

尺寸：衣长133cm，袖通长55cm

短袖，立领，右衽，两侧开衩。花部为纱，地部为缎。花朵纹。在领、襟、袖口、底摆、开衩处双滚边。滚边色彩与衣身色彩协调统一，风格纤秀，和谐雅致。

民国白麋鹿裘皮女大衣

尺寸：衣长111cm，袖长51cm，肩宽40.5cm

此为20世纪30年代女式裘皮大衣。无领，偏襟，西式裁剪，白麋鹿毛皮面，米色缎里，极为珍贵。清代晚期至辛亥革命后，裘皮服饰的穿用并没有什么场合限制，因此上海妇女盛行穿皮大衣。民国初年，上海女性流行将毛皮毛锋向外，按西式大衣式样制成。国外进口皮料，价重一时，成为妇女身份和地位的象征，非达官巨贾之家难以穿用。在20世纪二三十年代的上海，拥有一件毛皮大衣或有毛皮领的皮大衣，是时髦人士梦寐以求的。

民国黑色裘皮领男大衣

尺寸：衣长126cm，袖长64cm，肩宽45cm

此大衣完全采用西式裁剪。前片有胸腰省，袖子为两片袖结构。双排扣，腰部左右各有一挖袋。领部镶毛皮。

苗族刺绣百鸟衣

尺寸：衣长67.7cm，袖通长139.6cm，裙长74.5cm

榕江月亮山地区苗族"百鸟衣"，原为古代祭祀时穿戴，后作为牯脏节等节日盛装。衣饰宽大，无领对襟，前胸和后背刺绣鸟、龙、蝶等纹样，下缀有百鸟羽毛，色彩古朴斑斓，绣饰粗犷，显示出苗族古代巫文化的种种观念。榕江苗族习惯在丝绵茧纸上刺绣，在飘带脚上饰以白鸡毛。月亮山一带苗族的蜡染风格豪放，流畅优美，以各式龙、鸟纹为主要纹样，龙被当地苗人称为"老蛇"。

藏族虎皮镶边金花锦男袍

尺寸：衣长180cm，袖通长212cm

右衽，肥腰，长袖，大襟。衣身以金花锦为料，锦上织有龙纹纹样。襟、袖口和下摆用宽15厘米的虎皮镶边，色彩华丽，款式大气，为藏族贵族所穿着。

上海周虎臣曹素功笔墨博物馆

上海周虎臣曹素功笔墨博物馆坐落于上海的文化街——福州路上,以文房四宝为陈列、收藏、研究对象,以上海著名的老字号"周虎臣"、"曹素功"的历史发展和传世遗存为主线,探究上海以至全国文房四宝发展的轨迹,展示中国文房四宝的传统技艺和文化。

这家小型专业博物馆的入口并不起眼,但二楼蓝色玻璃幕墙上五幅雕刻精美的壁画却颇为抢眼,它们浓缩式地描绘了中国笔墨的发展史,由古及今,娓娓叙说着笔墨一路走来的流年往事。进入上海笔墨博物馆,观众首先会经过一楼过道。在这里,青砖墙配合玻璃装饰画,立即让人感受到现代与古典交融的设计风格,沉稳而不失简洁,这种中式新古典主义风格正是笔墨博物馆的设计基调,恰如中国笔墨行业的发展现状,既保持传统又与时俱进。拾级而上,进入二楼展示厅。这里展示着我国传统笔墨的历史、文化和工艺,以及"曹素功"和"周虎臣"两家老字号。这两家创立于清初的笔墨品牌,是上海滩现存历史最悠久的老字号,目前都已被列入国家级非物质文化遗产项目,其相关珍贵实物和历史照片也在馆内一同展出。

整个展厅分为南展区、北展区和专题展区。南展区主要介绍毛笔的工艺知识和历史文化,叙述了"海上三支笔"周虎臣、杨振华、李鼎和与海派书画家的不解之缘。另外还陈列了一些名人信笺及书画家使用过的旧毛笔实物,生动地反映近现代海派名家的用笔体会,参观者得以近距离地去解读书画大师对于毛笔的心得讲究,获益良多。北展区陈列了中国悠久的制墨简史,墨锭历史演变的种种形态,以及曹素功"海派徽墨"流派的形成。其中展出的实物包括制墨名家曹素功的传世名墨、国家礼品墨、名人名家定制墨;清末学者俞樾的手迹"御赐紫玉光";还有冯玉祥、于右任、蔡元培、郭沫若等55位各界名人为曹素功联名签署的介绍启等,令人叹为观止。专题展区位于展厅的中央,一圈圈的"时光隧道"其实是一个个圆形镂空展柜,在光影的作用下,营造出奇妙的视觉效果。笔与墨书写着人类的文明史和发展史,如同一条神奇的时光隧道,融贯古今。博物馆每年都会在这一区域举办数次文房、书画等传统文化专题展,不同题材的展品有如时光隧道般不断流动,每次都为参观者带来全新的文化体验。

除实物展出外,笔墨博物馆还辅以立体生动的多媒体展示,传统笔墨文化融合现代传播形式在这里得到了最直观的体现。

明代程君房制墨模具

尺寸：40×17×5cm

明代中期至清代早期是中国制墨业的辉煌时期，良工辈出，制作精良。仅徽州地区就涌现了数百位制墨名家，程君房是其中最赫赫有名的一位。程君房，名大约，字君房，以字行，活跃于万历年间，新安（今属安徽）人。程君房所制墨光洁细腻，款式花纹变化多端，深得文人士大夫喜爱。著有《程氏墨苑》，列墨品六部，约500余式，其中所收的墨名，如《天老对庭》、《清辉照海月》、《归马牧牛》等今仍沿用。这款"程君房制"墨模保存完好，雕镂精细，人物形象生动，栩栩如生。

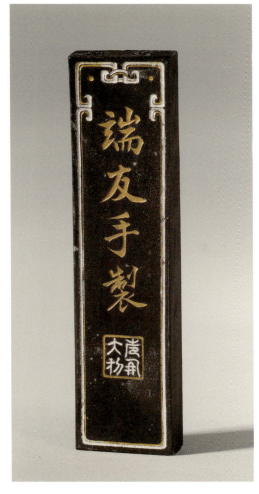

乾隆曹素功制墨彩色矿石原料

尺寸：3×1.5cm ×5锭，橄榄形

清康熙年间，曹素功在安徽歙县岩寺镇创设曹素功墨庄，有"天下之墨推歙州，歙州之墨推曹氏"之誉。曹素功在康熙、乾隆年间曾为朝廷制作"御墨"和"贡墨"，《墨林初集》中有"海内巨卿贡墨皆取制于曹氏"的记载。同治三年（1864），曹素功墨庄从苏州迁往上海。从第九世孙曹端友开始就为海上书画名家定版制墨，书画家也纷纷参与绘稿设计。除了通常所用的黑色墨外，曹素功的彩色墨也颇具特色。彩色墨的制法与黑色墨基本相同，只是将矿物粉磨极细以代替黑烟，加胶则比制黑墨略多。

《御园图》集锦墨

尺寸：7.8×1.8×0.9cm

此墨上署"端友手制"，应是曹端友亲自所做。曹素功去世后，其子孙代代相沿，继承祖业，并时有创新。为了开拓市场，同治三年（1864），清九世孙曹端友带了世代积累的一万余副墨模迁至万商云集的上海，在老城区小东门附近，开了一爿墨店，以店带工，继续制墨。曹氏子孙秉承祖上的制墨配方和经营特点，努力开拓，墨肆逐渐扩大，逐渐跻身于上海文房四宝名店之列，开创了曹素功墨庄的新纪元。

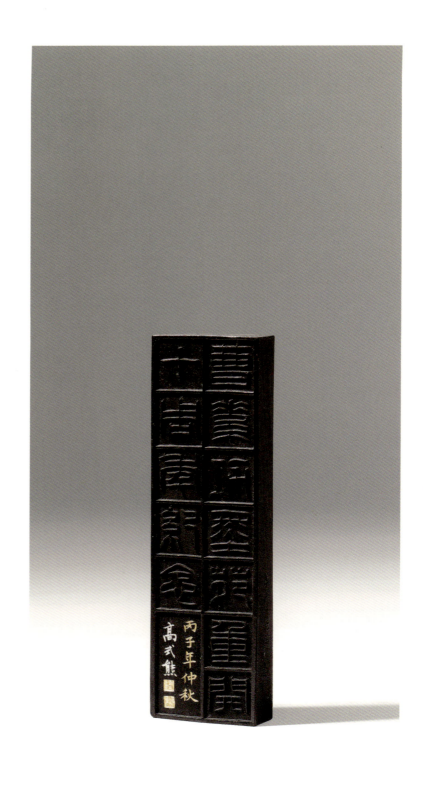

俞樾 "曹素功尧千氏精制徽墨" 匾

尺寸：200×35.5cm

尧千氏，指的是曹素功的六世孙曹尧千，有"尧千氏为曹氏之冠"的说法。曹尧千将曹素功墨庄开到了苏州，开创了曹素功墨业的第二个高峰。曲园居士，是俞樾（1821-1907）的号。俞樾，字荫甫，浙江德清人。清道光三十年（1850）进士，曾任翰林院编修。受咸丰皇帝赏识，放任河南学政，遭御史弹劾而罢官，遂移居苏州，潜心学术达40余载，为晚清著名学者、文学家、经学家、古文字学家、书法家。

曹素功重开十年纪念墨

尺寸：11.8×2.9×1.3cm×2锭

1949年后，曹素功墨苑规模扩大，墨锭质量更加提高，在海内外享有盛誉。企业公私合营后，1958年将胡开文广户氏、曹素功敦记、屯镇胡开文笔墨庄等并入曹素功，1967年更名为上海墨厂，生产出口墨锭仍用曹素功牌子。1986年，在金陵东路167号开设曹素功墨苑，作为上海墨厂供中外游客参观、购买墨锭的窗口。这锭墨是1996年为曹素功墨苑重开十周年而特制的。正背两面分别为王遽常和高式熊的题字。王遽常章草书题："素侪墨苑十六士，功在书林四百年。"高式熊篆书题："曹素功墨苑重开十周年纪念。"

胡问遂用周虎臣笔

尺寸：笔长22.5cm，直径0.9cm

周虎臣，明代万历辛卯年（1591）出生于江西临川周坊村。自小随父母在家制笔，深得毛笔制作要领，所制毛笔深受当时士大夫们推崇。康熙三十六年（1694），周虎臣后人赴江苏苏州开设笔庄。同治元年（1862），在上海开设"老周虎臣笔墨庄"。周虎臣笔墨庄在几代传人的精心经营下，名扬四海，业务日盛，成为沪上著名笔店。本图为当代著名书法家胡问遂先生请周虎臣笔墨庄特制的"顶号黑骔楂笔"。

曾熙"驰名五洲地，创业二百年"对联匾

尺寸：176×50cm 一对

曾熙（1861-1930），字季子，号俟园，晚年自号农髯，湖南衡阳人。清光绪二十九年（1903）进士，工诗文，擅书画。书法自称南宗，与李瑞清的北宗颉颃，世有"北李南曾"之说。其书以汉隶圆笔为本，下穷魏晋，沟通南帖北碑，融合方圆，遂成就宽博纵逸的风貌，堪称海派书画领军人物。这是曾熙为周虎臣笔庄创立二百周年所题写的对联。

御制《耕织全图》集锦墨

尺寸：9×3×1cm×48锭

御制《耕织全图》集锦墨，全套共48锭，是根据清代康熙皇帝题诗、焦秉贞绘图的《御制耕织图》刊本，进行摹刻制作的贡墨。墨正面为耕织图，分为"耕"和"织"两部分，各有24幅细致入微的描绘，形象生动地反映了我国古代粮食、丝织的生产过程。墨背面是康熙皇帝为每幅图所题诗句。此套墨的墨模创制于清康熙年间，由汪希古摹刻、曹素功制作。其雕刻书法风格端凝秀媚，人物形象细入毫发、姿态准确生动，构成了诗、书、画、墨四绝。

御制《西湖四十五景》

尺寸：多边形　重量：约130g/锭

据史书记载，乾隆皇帝游览西湖时留下许多诗词墨迹。这套西湖四十五景墨模为御制，共45锭。每锭墨的正面皆有乾隆御制诗句，故墨的制作时间应为乾隆末年或嘉庆初年。墨锭制作十分精巧，一墨一式，有花瓣形、圭形、壶形、书卷形、挂提形、亦有圆形、菱形、鱼形等，美不胜收。墨的背面以细腻的工笔描绘西湖景色，山石用披皴法或解索法，山间有劲挺苍翠的松树，水边有迎风飘拂的杨柳，园旁有枝繁叶茂的竹林，注重写实，意趣无穷。墨正面的平底楷书，尤见功夫。

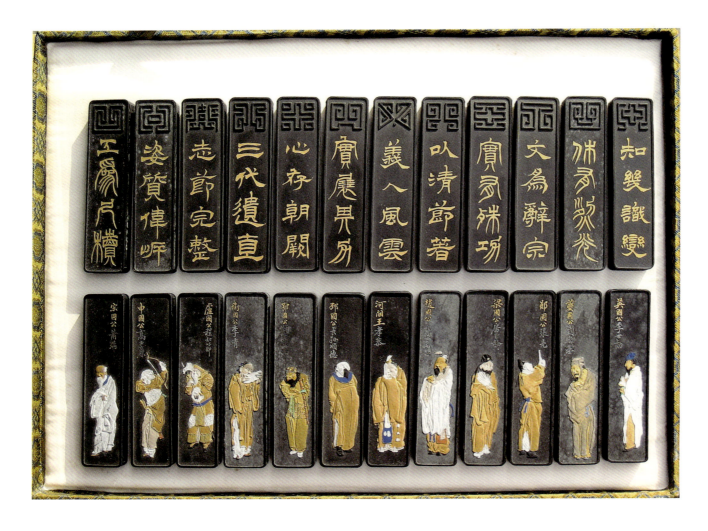

彩色《御园图》集锦墨

重量：约350g/锭

创制于清代中叶。系按清代皇宫御苑中的亭台楼阁、自然景色绘图后镌刻而成。有椭圆、书卷、玉璧、象笏、钟鼎、菱花、古琴、玉圭、山峦、箭镞、爵壶等式，现存40种，墨面图案取材北京圆明园40处名胜景点，以其楼、阁、堂、院、亭、轩、馆、斋等建筑为蓝本，一景一图。描绘手法上以写实和绘画艺术相结合，是研究御园建筑的重要资料。

《二十四功臣图》套墨

尺寸：7.8×1.8×1.9cm×24锭

墨模制成于清代，迄今已有一百余年。全套24锭，墨正面刻有唐太宗为二十四功臣所题赞辞，或篆或隶，精劲飘逸。墨背面为凌烟阁功臣形象，上书官爵名号。人物风格各异，武将威武雄健，文官温良恭让，颇似陈老莲之画风，且由名家雕刻，气韵生动传神。

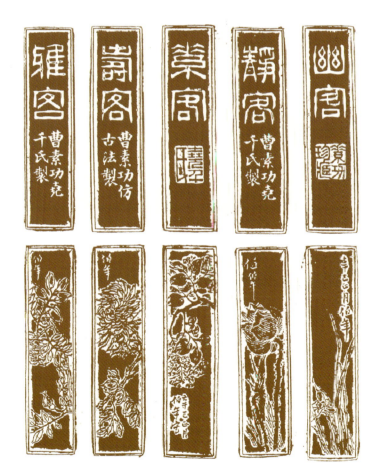

《名花十二客》套墨

尺寸：7.8×1.8×0.9cm×16锭

创制于清代光绪年间。全套共12锭。名花十二客源出于宋代张敏叔所赋《十二花为十二客》之诗句，墨正面刻十二花客之名称，皆集砖文为之，以桂花为"仙客"、菊花为"寿客"、梅花为"清客"、兰花为"幽客"、莲花为"静客"、牡丹为"赏客"、瑞香为"佳客"、丁香为"素客"、茶蘼为"雅客"、蔷薇为"野客"、茉莉为"远客"、芍药为"近客"，儒雅古朴。墨背面镌有十二名花图，由清代著名画家任伯年所绘，婀娜多姿，各具神韵。

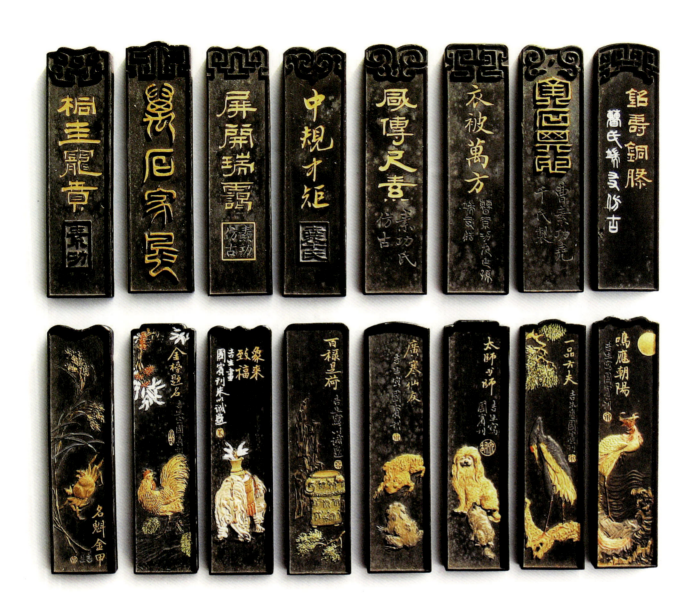

《提梁》集锦墨

尺寸：7.8×1.8×0.9cm×16锭

创制于清代同治、光绪年间。全套共16锭，每锭墨顶部皆刻有不同图式之提梁。提梁是器物上的提举之錾，以"提梁"名墨，益增把玩情趣。墨正面题词有："衣被万方"、"万石家风"、"中规中矩"、"黄中通理"、"五德全备"、"万年有道"、"位并三公"等。墨背面为精美之动物浮雕，有仙鹤、孔雀、鹿、鱼、象等，再配以题词，如大象则题"象来致福"，鹿则题"爵禄班尊"，孔雀则配以"锦衣富贵"等，书画交融，相得益彰。墨上图画为清代著名画家钱慧安所绘，各种动物栩栩如生。

《枕雷阁》墨

重量： 约500g

墨面移植清代名画家顾麟士的《枕雷阁》山水画，背面雕刻唐代大小两种忽雷图形。工艺细致，清晰悦目，为名家镂刻。经填金描色，更显古朴典雅。忽雷是古代琵琶的名称，是隋唐时盛行的乐器。清代刘葱石得唐时所制大小忽雷，极为喜爱，特建枕雷阁珍藏之，自号"枕雷道人"，邀名画家顾麟士作画题诗，以记其事。

284

《一朝元宰》墨

尺寸：11.8×2.9×1.3cm

清代制墨业在明代制墨业的基础上更加多元和完善，文人订制收藏墨成为雅事和时尚。这些文人订制收藏墨或为争宠于朝，或为附庸风雅，或为铭文励志，或为留烟自赏，为文化逸事留下了宝贵的物证。这是弘一法师绘稿的《一朝元宰》墨。弘一法师，原名李叔同，多才多艺，诗文、词曲、话剧、绘画、书法、篆刻无所不能，是近现代史上独具一格的人物。

《溪流》、《寒香》墨

尺寸：13.5×3.8×1.5cm/锭

约创制于清代末年或民国初年，是以吴昌硕之诗画刻制的丛墨。《溪流》墨正面刻吴昌硕所绘之《水仙图》。水仙盛开于溪流岸边，与山石相映衬，给人以坚强、纯洁、高雅的美感。墨背面为吴氏手书诗句，赞美了水仙花"孤芳不入王侯家"的清高品格。《寒香》墨正面镌有吴氏晚年所绘之《梅花图》。用白描手法，将梅花清峻之态，脱俗超凡之韵表现无遗。墨背面刻吴氏手书"寒香风吹下东碧"诗句，字体劲挺遒放，使诗、书、画融为一体，珠联璧合。

《鸳鸯七志斋》书画墨

尺寸：14.5×3.4×2cm

此墨是现代大书法家、爱国之士于右任先生定制的高级书画墨。墨正面为于右任所书"鸳鸯七志斋制"六字，墨背面图案则由画家萧屋泉和江友兑所绘。墨两侧刻有"曹素功十一世孙叔琴监制"和"民国十八年荷花日"之楷书款识。鸳鸯志为古代夫妇合葬的墓志。于右任研究书法，喜收藏墓志，他藏有七种鸳鸯志，故以"鸳鸯七志斋"作为自己的斋名。

《雨中岚山》书画套墨

尺寸：8.9×3.1×1cm×5锭

20世纪80年代初，上海墨厂接受外交部委托，承制国家礼品墨。这套《雨中岚山》书画墨，是以日本京都岚山公园"周总理诗碑"为题材而制作的国礼墨，全套共5锭通景款式。墨正面是廖承志副委员长书写的周恩来总理早年创作的《雨中岚山》诗，墨背移刻唐云所作水墨画《雨中岚山诗意图》。外交部评价这一套国礼墨"堪称墨□的上品"。

狼毫长锋对笔

尺寸：笔长约45cm，直径2.9cm，笔头出锋11cm；笔长约43cm，直径2.7cm，笔头出锋10cm

这两支狼毫长锋对笔称得上是"千万毛中拣一毫"。其笔头采用黄鼠狼尾毛，精选自正冬北狼尾中的特长毫毛。这类特长狼毫非常之稀少，必须是野生黄鼠狼在特定季节、达到特定长度的毫毛，才能被收集选取。而这对笔所用的毫毛，是周虎臣笔庄一位制笔老艺人穷极一生之珍藏所制得，赠予笔墨博物馆，作为镇馆之宝留存下来，其珍贵程度已经无法用价值来衡量。

奥运"龙凤对笔"

尺寸：笔长约29cm，直径1.2cm

"龙凤对笔"是周虎臣笔庄为2008年北京奥运会所创制的。狼毫、羊毫毛笔各一支，笔杆选材名贵，用紫檀杆满雕"龙凤呈祥"传统镂空纹样。笔斗刻2008奥运口号："同一个世界，同一个梦想。"与此相同的另一对"龙凤对笔"，和纸、墨、砚以及印章、镇纸组成"文房瑰宝"套装，已入藏中国国家博物馆。

上海中医药博物馆

清澈的三星河穿过绿草如茵的上海中医药大学校区，上海中医药博物馆就坐落在这条小河的附近。博物馆为三层单体建筑物，呈半圆半方造型，寓意为"天圆地方"，外观具有现代时尚特色，与上海中医药大学教学楼、实验室楼、行政楼和图书馆楼等风格一致。上海中医药博物馆由上海中医药大学/中华医学会医史博物馆、中药标本陈列馆、校史陈列馆三部分组成，2005年3月面向社会正式开馆，展示了中医药学从形成到繁荣、从继承到创新的轨迹，是博大精深的中医药学和中医药文化的缩影，是我国目前具有相当规模的中医药史专业博物馆。另外还有占地面积约9300平方米的"百草园·杏林苑"可供观众游览。

中医药学是中华文明的一个结晶，是我国优秀文化遗产中的一个瑰宝，数千年来为中华民族的健康和繁衍昌盛做出了重要的贡献。1938年7月，中华医学会医史博物馆在上海创办，于是中医药学第一次有了向公众展示自己的平台。医史博物馆是中国最早建立和具有相当规模的中医史专业博物馆，分为综合馆和养生康复、针灸推拿、中药方剂、中医文化、中医科教5个专题馆，馆藏文物从新石器时代到近现代中医药文物，重点反映5000年来中医药学发展的史实和主要成就。中药标本陈列馆展出琳琅满目的麝香、野山人参、灵芝、冬虫夏草等名贵珍稀标本，150多种动植物中药液浸标本，传统精制中药饮片，名特优新中成药，名贵中药腊叶标本共计1379件，介绍中药形态、功效，传播中药科学知识。校史陈列馆通过展版、图片和展品等形式，让观众了解新中国第一批创办的、创建于1956年的上海中医药大学成为我国中医药教育、科研、医疗一个重要基地的发展历程，从一个侧面浏览我国中医药教育正式纳入现代高等教育轨道的历史。

上海中医药博物馆陈列设计的创意和特色是弘扬中医药文化，普及中医药科学知识，展示中医药历史，以"创新、现代、人文"的理念以及现代高科技的手段，坚持"六个结合"：传统与现代结合、内涵与形式结合、借鉴与创新结合、中医与文化结合、中国古代哲学与中医学结合、中医学理论与临床成就结合，突出海派风格，把中医基础理论与学说和古代医学教育与医事活动"艺术化＋虚拟化"，介绍源远流长的中医药学，反映孕育中医药学的土壤——中国古代哲学思想，用深入浅出的展示语言勾勒中医药学历史发展的脉络，展示自古至今的中医药学继承、发展、创新的历史和实现中医药现代化的走向。

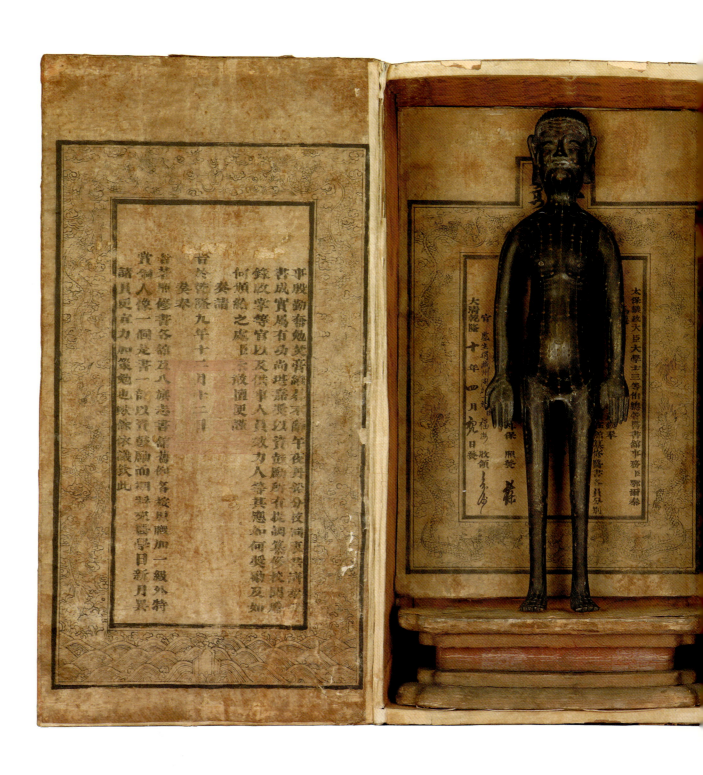

御制针灸铜人

年代：清乾隆九年（1744）
尺寸：高45.8cm

针灸铜人是我国古代针灸教学的模型，医学生们通过在铜人上面的针刺实践，来初步掌握针灸的操作方法。乾隆十年（1745），清政府令吴谦等人编撰《医宗金鉴》，为鼓励主编者，曾铸若干具小型针灸铜人作为奖品。这具针灸铜人就是其中之一，高46厘米，系一位身材瘦长、面容慈祥、耳垂饱满的妇人，身上刻有580个孔穴及经络走向，制作精良，穴位标注精确。当年获赐铜人的医官有数十人，但今日留存于国内的仅此一尊。而且受男尊女卑封建思想影响，古代铜人多以男性为蓝本，此具铜人却以女性形象出现，更显稀有和珍贵。

檀香木切药刀

年代：清（1644—1911）
尺寸：19.4×6.3cm

切药刀是剪切中医药物专用工具，一般由刀体、刀架和刀柄这几部分组成。而此件的形制与普通的切药刀截然不同。而且檀香木十分珍贵，本身就具有一定的药用价值。

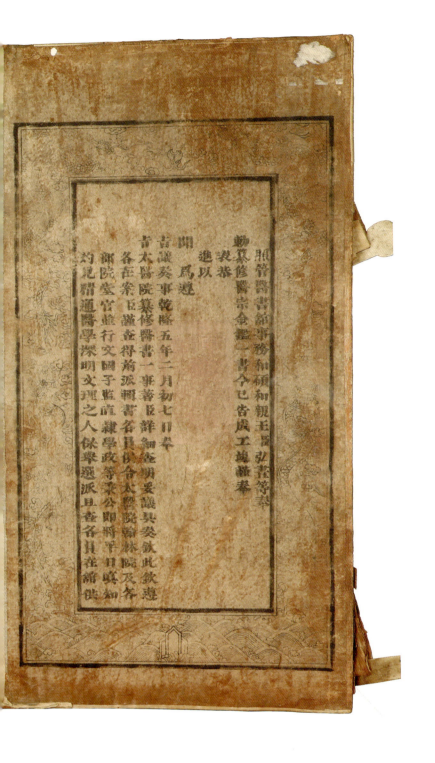

照管醫書館事務和碩和親王臣弘晝等謹

奏

勅纂修醫宗金鑑一書今已告成工竣繕奏

裝恭

進以

聞爲遵

旨議奏事乾隆五年二月初七日奉

青太醫院纂修醫書一事著臣詳細査明妥議具奏欽遵

各在案臣謹査得爲派輯書各員俱合太醫院翰林院及各

部院整官並行文國子監直隸學政等衙公即將平日眞知

灼見淵通醫學深明文理之人保舉選派且査各員在館供

曹氏木质制药印模

年代：1911—1949

尺寸：长16.5—18cm，宽3.6—7cm，高2—3cm

这一组是曹氏济和堂用于药品包装的木质印模。包括消暑七液丹、半夏曲、岩制半夏、岩制川贝、沉香曲、沉香百消曲、竹节茯苓等品种，都是比较常用的药品。

张志方出诊红木药箱

年代：1920
尺寸：24.3×26.3×18.6cm

张志方（1896-1959），嘉定南翔镇人。曾从苏州御医曹沧洲为师，学内、妇科。又从嘉定著名外科医生傅谷苏为师，成为内、外、妇三科大方脉，尤擅内、妇科。同时他又很尊重西医理论的科学性，曾自修人体生理学和解剖学。1936年，南翔一带白喉流行，张志方大胆使用白喉马血清，治愈了大批患儿。他遵循"中医好，西医好，中西良医都好；中药好，西药好，中西良药都好"的辨证见解，打破中西医门户之见，把中国传统医学与西医学有机地结合起来，运用于临床实践并取得明显效果。此药箱内有10个大小不一、错落有致的抽屉，用以放置不同品种的药。除了是实用器具外，更以其精致的木纹、精巧的金属部件、考究的作功，而成为一件珍贵的艺术品。

吴昌硕题李霖斋医匾

年代：1918
尺寸：27.5×108.5×2.4cm

清末明初，苏州李霖斋诊所专治小孩痧痘和妇科男科，在当地颇有名气。这块牌匾由收藏家邵允明先生捐赠，是晚清著名画家、书法家、篆刻家吴昌硕的墨宝，实属少见。这块匾额对研究当时的中医发展有一定的参考价值。

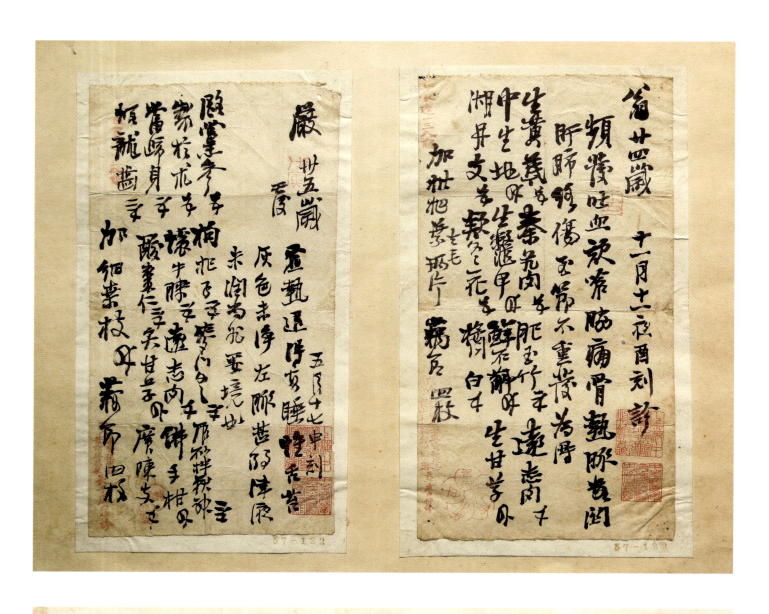

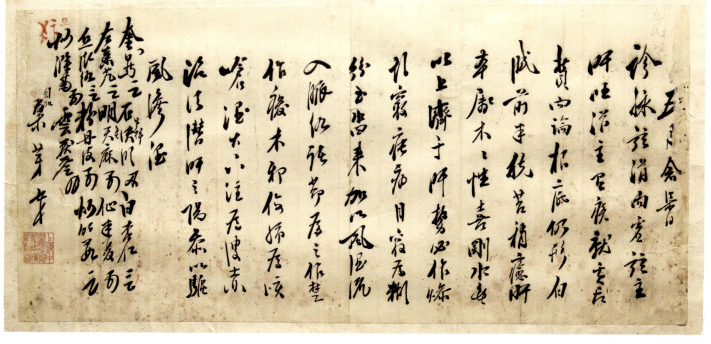

1 何鸿舫处方　　6 王仲奇处方
2 金子久处方　　7 朱子云处方
3 陈莲舫处方　　8 恽铁樵处方
4 陈筱宝处方　　9 石筱山处方
5 丁甘仁处方

中医处方一组

尺寸：不等

这组处方出自清末海上中医名家之手，包括陈莲舫、陈筱宝、何鸿舫、金子久等人。通过这些处方，不禁令人遥想这些名医的神技和风采，且其书法也颇具特色，独树一格。

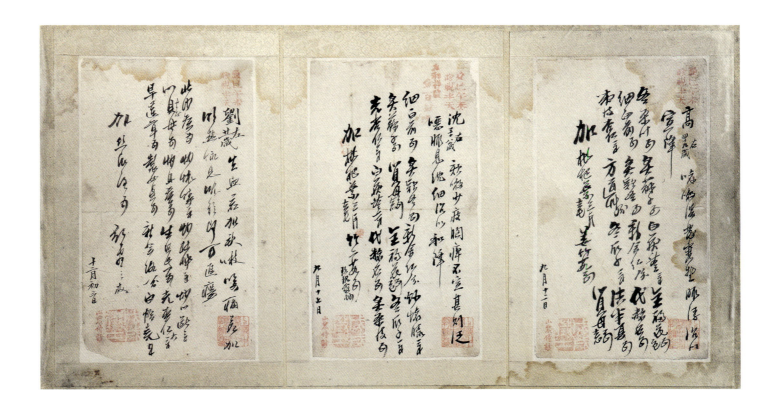

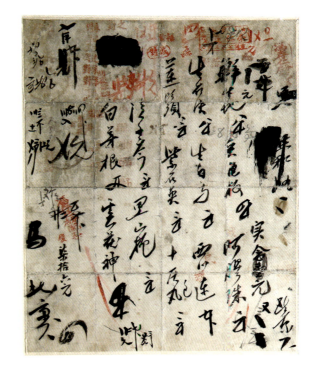

何鸿舫（1821-1889），原名昌治，后改长治，字补之，上海青浦人。擅内科、外伤病，家设寿山堂药店，常备药罐炭炉，免费以助病家，贫无药资者并给药，誉满江南。善书法，学颜真卿，字体秀逸苍劲，处方墨迹为艺术珍品，病家、医家、书法爱好者珍若拱璧，日本人亦多方搜求。

金子久（1870-1921），名有恒，以字行，号问松堂，祖籍浙江杭州，后迁居德清。自南宋以来，世代业医。1915年在沪南慈善会施诊，医名大噪，四方求诊者众，遍及齐燕闽粤、大江南北，慕名从学者达百余人。强调四诊合参，尤重切脉，对诊尺肤、察咽喉有独到经验，重视脾胃，推崇"轻可去实"，方药清灵甘淡，讲究炮制，善用药引。医案语多俪体，被《清代名医医案精华》收录。

陈莲舫（1837-1914），名秉钧，又号乐余老人，上海青浦人。陈家世代业医，至莲舫已是第十九代。精通内、外、妇、儿各科。光绪年间，曾五次奉诏入京为皇帝和太后诊病，疗效颇佳，被封为御医。光绪二十六年（1900）悬壶上海北海路，求治者门庭若市。光绪二十九年，与李平书、朱紫衡等创立医学会，光绪三十二年，又参与创办上海医务总会，以研究中西医术为宗旨。著有《陈莲舫先生医案秘钞》、《十二经分寸歌》、《御医请脉详志》、《莲舫秘旨》等。

陈筱宝（1873-1937），字丽生，浙江海盐人。5岁随父学医，秉承家学，专长妇科，除继承前人治疗妇科的理论和经验外，并有所发展，自成一家，称为"陈氏妇科"，名扬海内外。

298

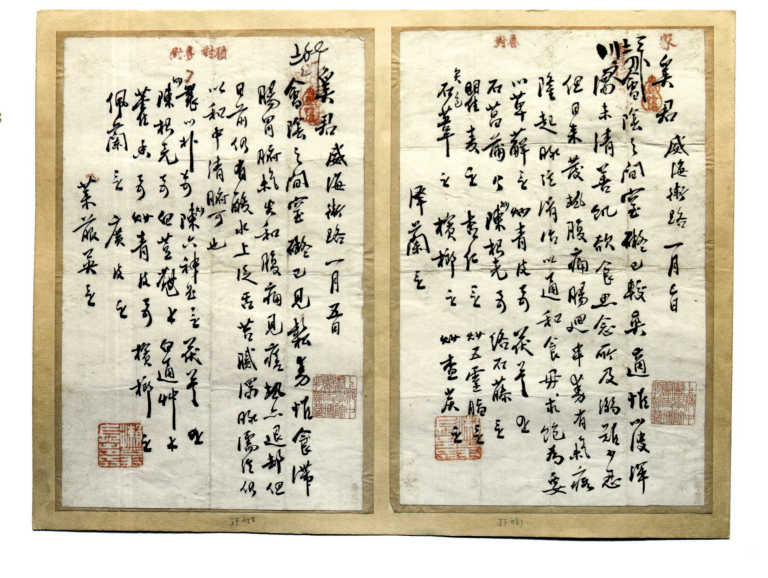

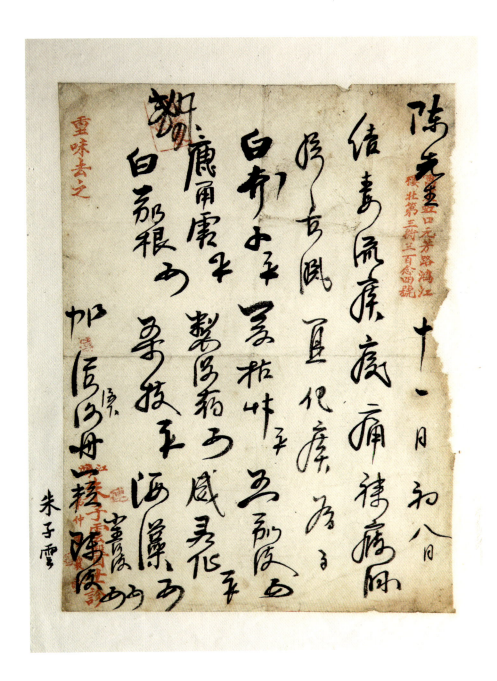

丁甘仁（1865–1926），名泽周，江苏孟河人。通晓内科及外科、咽喉科。曾先后设诊所于仁济善堂及凤阳路等处，临证多佳效，声誉日隆。1915年始，与夏应堂、谢利恒等创办上海中医专门学校及女子中医专门学校，又兴办沪南、沪北广益中医院，门墙桃李遍及全国，丁氏内科医学得以逐步形成。著有《丁甘仁医案》、《喉痧证治概要》等。

王仲奇（1881–1945），名金杰，号懒翁，歙县富堨人。王氏数代业医，仲奇15岁随父学医，22岁挂牌应诊。以治温热病著称。处方立案字斟句酌，一丝不苟，书法精良，曾受到黄宾虹称赞，很多病人珍藏他的处方笺。且少门户之见，常涉猎现代医学，主张中西医互相学习，受人推崇。

朱子云（1891–1945），上海人。其治病熔中医儿、内、外、喉科精华于一炉，注重全身辨证，洞察症结，判断疑难，常收良效。对喉痛、缠喉风、会厌脓肿等症施以外科手术，往往一刀见效，时有"张家膏，朱家刀"之说。抗战初期上海白喉病流行，日诊数百人，愈者无数，"朱氏喉科"声名大振。

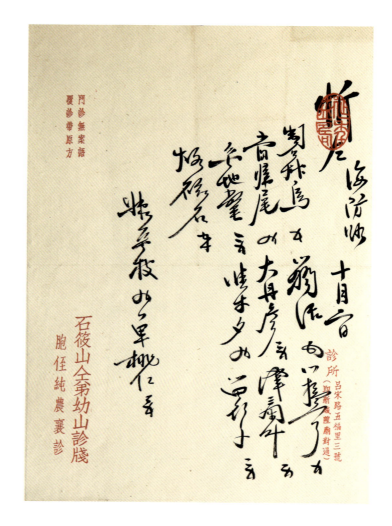

恽铁樵（1878-1935），名树珏，别号冷风、焦木、黄山，江苏孟河人。曾任商务印书馆编译，以翻译西洋小说而著称于文坛，主编的《小说月报》风靡一时。后因长子病故，发愤学医，尤擅儿科。1925年，与国学大师章太炎及其弟子张破浪等在上海创办中国通函教授学社，即后人所熟知的铁樵函授中医学校。1933年办铁樵函授医学事业所，受业者千余人。医学著述很多，著作有22种，编成《药盦医学丛书》。

石筱山（1904-1964），原名瑞昌，字熙侯，江苏无锡人。秉承家学，事伤科，兼针、外科。1952年任上海市公费医疗第五门诊部特约医师，1956年上海中医学院成立后任伤科教研组主任，兼附属龙华医院伤科主任。除了从事临床工作外，50年代起潜心整理文献，研究理论，对伤科的史略、病因、证治等深加探讨。著有《石筱山医案》、《石氏伤科经验介绍》等。

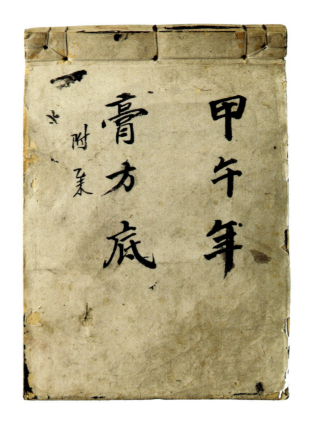

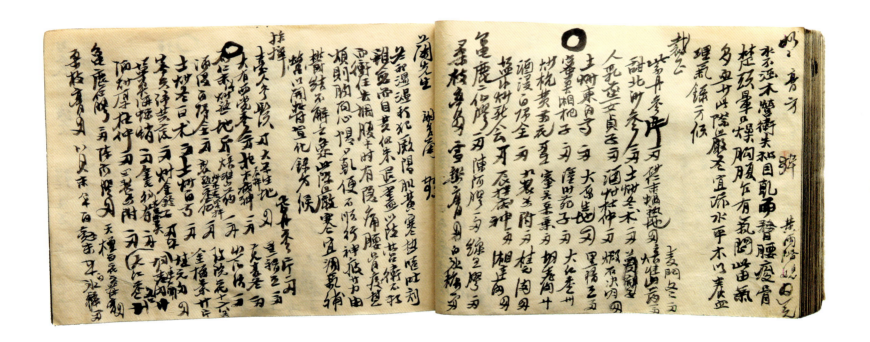

张骧云膏方底本

年代：清光绪二十年（1894）
尺寸：22×15.5cm

张骧云（1855-1925），名世镳，一字景和，别号隐庵、冰壶。出身于上海中医名门张氏世家。张氏自十四世祖张元鼎于明崇祯末年弃儒就医后，代有传人，绵延有二百多年的行医传统。张骧云医道高明，治病有方，病客盈门无暇日。他善察病人之脉象、神识、舌苔、斑疹及寒热之高低，灵活运用药物配伍，审慎用方，辨证施治。对患高热，神识昏蒙，舌苔灰黄糙腻或焦黑糙裂之病人，给药数贴，往往能苦散热消，病势缓解，有"一帖药"之称。

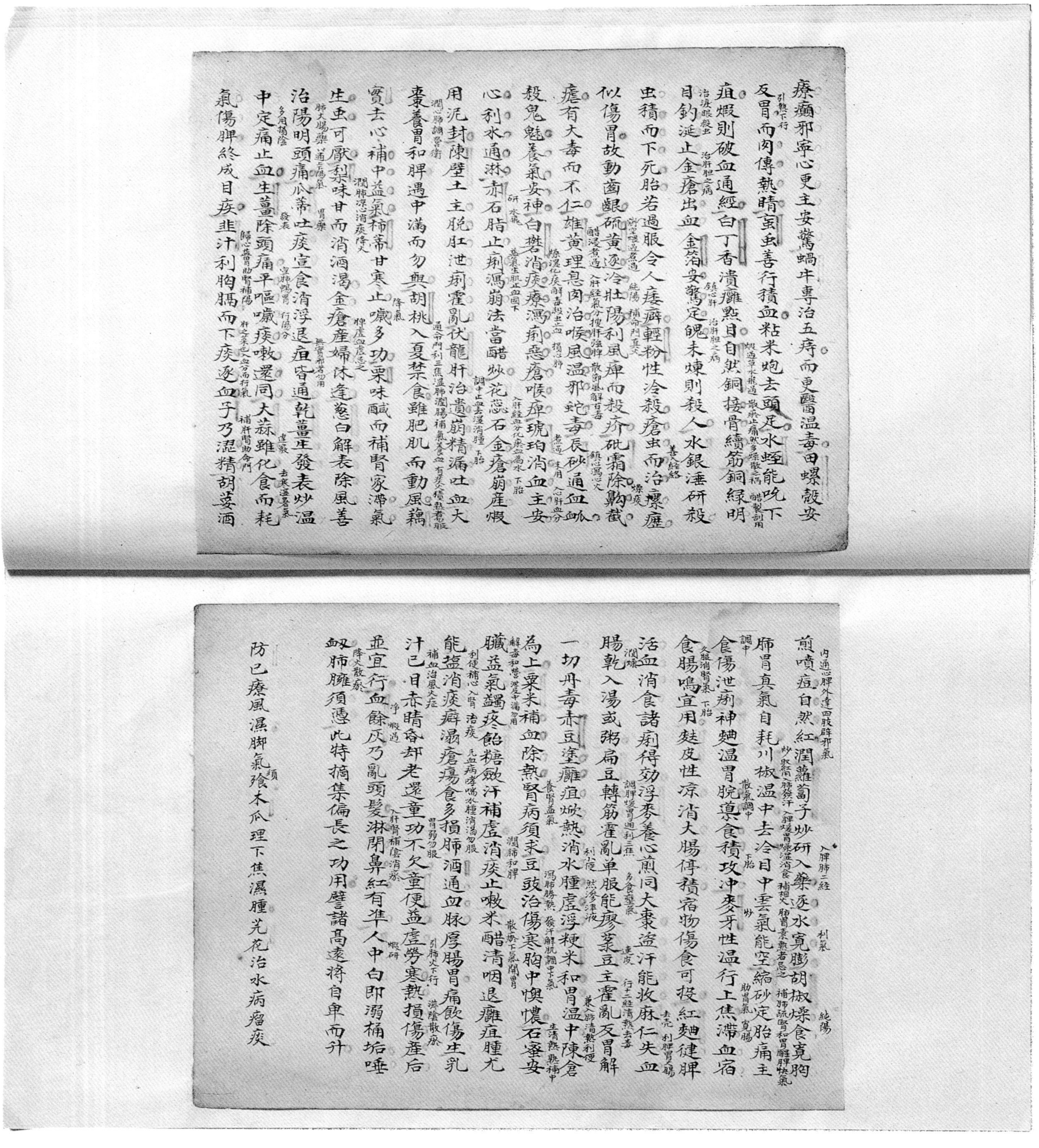

何平子抄何炫著《药性赋》

尺寸：28.5×33cm（开页）

何炫（1662-1722），字嗣宗，号令昭，别号也愚，上海奉贤人。为江南何氏医学世系第十六代医。初习儒，入华亭庠，康熙三十年（1691）岁贡生，后继世业。治病神明变化，屡起沉疴，求治者踵至。诊达官贵人，不畏左右非议，敢于坚持己见。乐施济贫病，设义塾以劝学，置义田以育婴。著有《何嗣宗医案》、《何氏伤寒纂要》、《金匮要略本义》等。何平子也是何氏医学世家的传人。其所抄本，书法精细、工整，显示了深厚的文化底蕴。

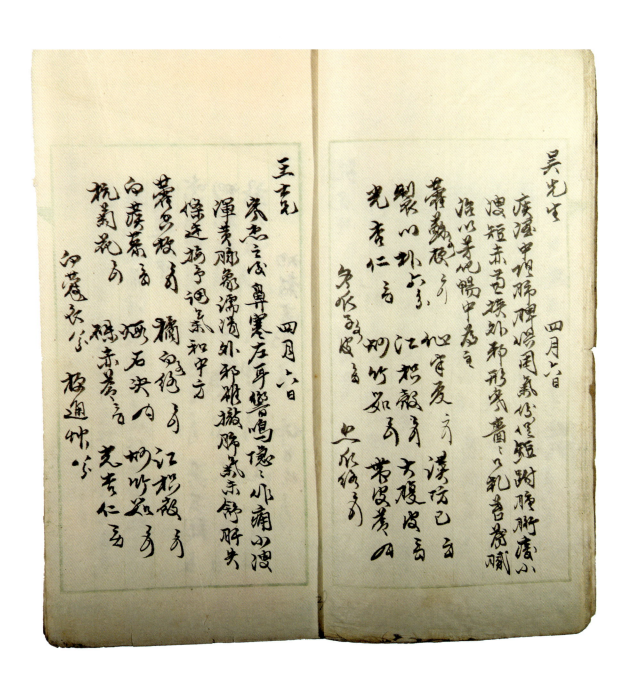

秦伯未《谦斋方案》手稿

尺寸：21×23.6cm（开页）

秦伯未（1901–1970），原名之济，号谦斋，上海人。出生于中医世家，自幼诵读医书。1919年入上海中医专门学校，在名医丁甘仁门下攻读中医。1923年毕业后，先悬壶沪上，后曾在中国医学院和新中国医学院执教，精研内、难、仲景学说，致力于医学教研工作。1955年调北京，历任中央卫生部中医顾问、北京中医学院院务委员会委员、中华医学会副会长、国家科委中药组组长、全国政协委员等职。秦氏著书六十余部，计千万余字，可谓邃精岐黄、著作等身。而此手稿显得尤为珍贵。

程门雪书画扇面

尺寸: 50×18cm

程门雪（1902-1972），又名振辉，字九如，号壶公。出生于江西婺源一户富裕人家。幼时，父亲延聘饱学之士教他四书五经、诗词赋曲，使他从小就打下了深厚的传统文化根底，为日后在中医学术上的发展奠定了扎实的基础。他毕生致力于中医临床和教学工作，对伤寒、温病学说有深邃的理论造诣，博采古今，熔经方、时方与一炉，善用复方多法治疗热病和疑难杂症，用药以简洁、轻巧、灵动见长。著有《书种庐论书随笔》、《晚学轩吟稿》。由其高足何时希辑《程门雪诗书画集》两集。

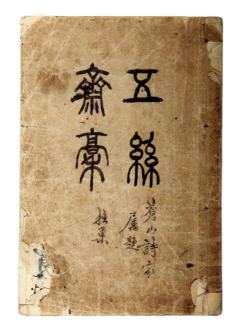

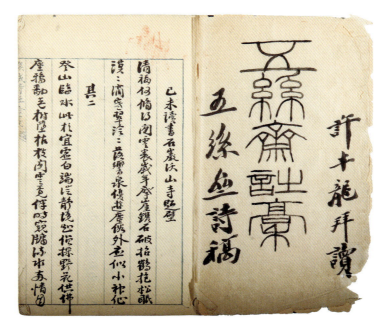

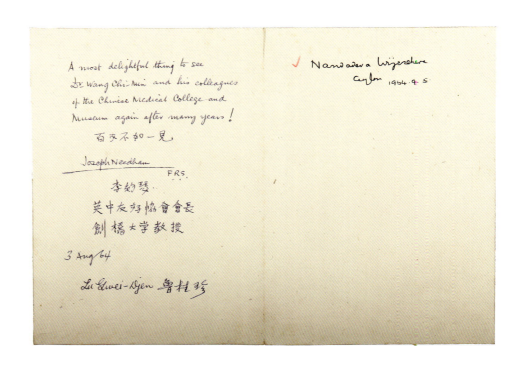

严苍山《五丝斋诗稿》

尺寸：13.6×20.6cm（合页）

严苍山（1898—1968），名云，浙江宁海人。家学渊源，幼受庭训，从祖父志韶学习中医，后就读于上海中医专门学校，获亲炙于丁甘仁先生，与秦伯未、章次公、程门雪等人为同窗知己。20世纪20年代，中医事业处于风雨飘摇中，严氏为拯救祖国医学，自1927年起与秦伯未、章次公、许半龙、王一仁筚路蓝缕，创建中国医学院，从事中医教育事业。后又执教鞭于新中国医学院，桃李遍大江南北。长期从事临床工作，任上海中医学会常委兼秘书组长，上海中医文献研究馆馆员。严苍山医师作为一代名医，禀性儒雅，又擅诗文，精书法，能绘画。

李约瑟1964年为医史博物馆题词

尺寸：14.8×21cm（合页）

医史博物馆创办于1938年，成立以后，英国科学家、中国科技史专家李约瑟博士曾三次前来参观。首次是在1942年，1964年第二次参观时用中文题词"百文（闻）不如一见"，1980年第三次访问医史博物馆。1988年为祝贺医史博物馆创立50周年，李约瑟专门致函祝贺："值上海（中医学院）医史博物馆成立50周年之际，我与鲁桂珍博士怀着十分喜悦的心情向你们寄去贺信，请接受我们热烈的祝贺。我们清楚地记得，由于王吉民医师的努力，至1946年战争结束时，博物馆已崭露头角，以后，你们使它不断发展壮大。"

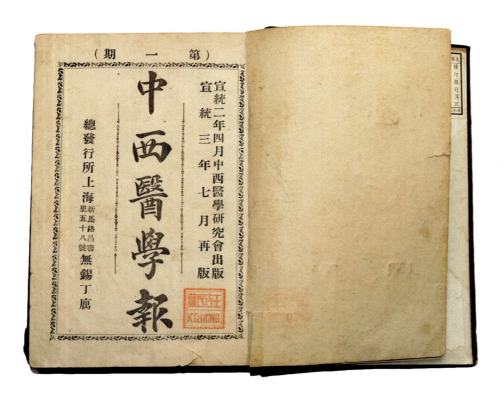

306

医药杂志创刊号

《中西医学报》，清宣统二年（1910）由中西医学研究会在上海创办，主编丁福保。从1910年4月至1930年6月，共出版10卷，每卷12期。此刊以研究中西医药学、交流知识、振兴医学为宗旨。栏目有论说、学说、医事新闻、专件、东西译稿、丛录、社友来稿、会员题名录等。丁福保从1910年至1918年在《中西医学报》上共发表150多篇文章，最早主张用近代科学方法研究中医，以输入近代医学为主要目的，提出"以中学为本，西学为辅"，对传播西医药知识起了较好的作用，影响很大。

《中医杂志》，由上海中医学会于1921年12月创办，季刊，主编王一仁，至1930年9月，历时9年，共30期。著名中医和医学教育家赵吉浦、何天源、秦伯未、严苍山、王慎轩等先后任编辑。该刊"以阐发中医学理，普及中医知识"为主旨，栏目有专著、学说、药物学、笔记、医案、验方、卫生谈、释辨录、文苑、医讯、会务记载、会员题名录等。内容涉及"阴阳五行学说"、"科学与病源"、"中西药利弊"、"卫生局考试医生事"等，尤以治疗内、外、妇、儿各科疾病为多，议论精辟，讨论深入，具有较高的学术水平，是国内较有影响的中医杂志。

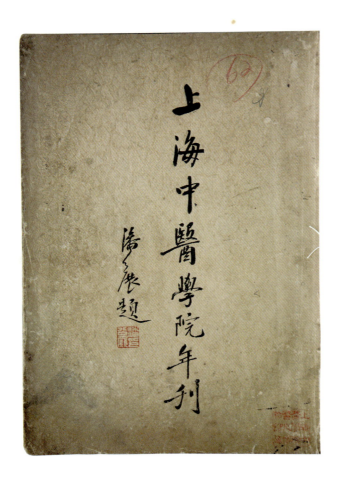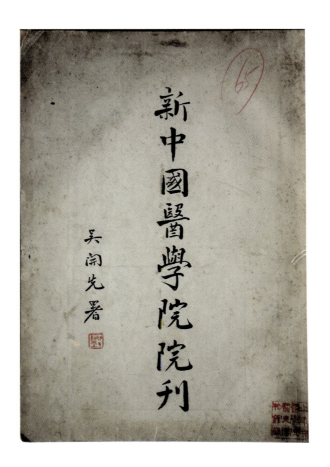

中医院校院刊

《上海中医学院年刊》，1934年7月由上海中医学院教务处编辑，上海中医学院事务处发行。栏目有教师著述、校友著述、毕业生论文、同学录以及相当数量的照片，弥足珍贵。

《新中国医学院院刊》，创刊于1937年1月，由新中国医学院院刊编辑部编辑出版。栏目有特载、论说、专著、讲坛、文艺、同学录等。

上海童涵春堂中药博物馆

上海童涵春堂国药号是一家创始于清乾隆四十八年（1783）的国药老字号，坐落于繁华商埠十六铺，以前店后工场的模式，经营各类特色饮片和各类丸散膏丹及花露药酒。二百多年来童涵春堂坚持配方选用道地药材，配料讲究质量上乘的优良经营传统，赢得了世人的青睐。2010年，上海中医药行业第一家集名贵地道药材、养生商旅文化、科普宣传基地、史料文物汇集一体的童涵春堂中药博物馆建成。

童涵春堂中药博物馆分为两部分，第一部分是童涵春堂名医馆，踏进大门迎面是挂号台，右手边是一间间的名中医诊室，室内的仿古建筑古色古香，每间房门口挂有一对木刻对联，讲述着中药的历史；左手边是按传统中药店格局设置的中药饮片配方柜，柜上陈列着童涵春堂的品牌产品——中药精制饮片供人们购买，内门头上雕有四个大字"大医岐黄"。这一部分让群众亲身体验了在百年老店内就医购药的全过程，也体现了童涵春堂为民服务的理念。

在饮片柜的边上有二扇红漆大门，在门的上方有"1783"的字样，表示了童涵春堂的创始年号。序馆中陈列着童涵春堂在创建百年后的商店建筑模型，从模型中可看出老店地处上海老城宝带门瓮城内方浜北岸边上，建筑呈三开间五进深，前为店堂，后为管理和工场及库房。模型背后是历史上有名的国画黄浦江边的上海城。在中间圆形橱窗内陈列着在历史上中医曾经使用的珍稀药材，"犀牛角、广角、麝香、牛黄、马宝、猴枣"，部分药材由于世界珍稀动物保护已不再使用。序馆的另一边陈列了神农氏、孙思邈、李时珍的三座塑像，介绍了中医药的简单发展史。神农氏尝百草，日遇七十毒，从人类生活实践中不断总结发现可治病的植物，到药王孙思邈，从药至医著书《黄帝内经》，被百姓尊为药王，再至明代李时珍通过实践，写下了具有世界影响的《本草纲目》，发展至今中医药成为了中国的国宝和特有的文化遗产，在人类发展、民族繁衍和经济繁荣中做出了巨大的贡献。

百眼橱、牡丹瓶、各个历史时期的档案原件、老药工铜像，散落在店堂的上上下下，传承着童涵春堂227年来的历史变迁，作为上海滩起源最早的老药铺，童涵春堂中药博物馆折射出中医药文化在本埠的发展进程，也成为中外旅游消费者"看中国，最地道；看国药，最文化"的体验养生之地。

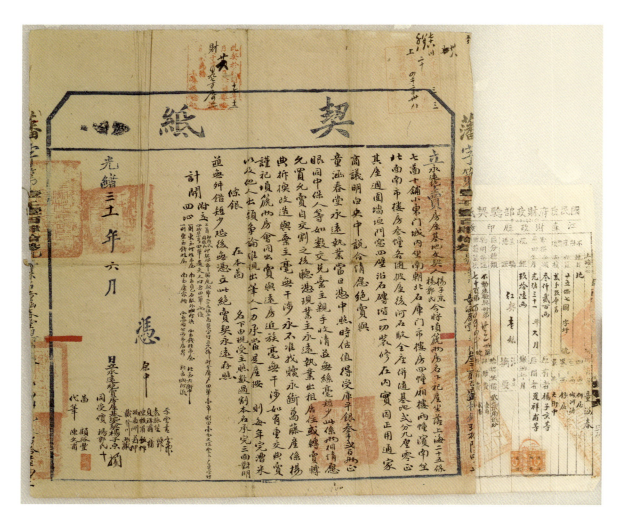

"童涵春堂"堂匾

尺寸：170×51×6cm

童涵春堂始创于清乾隆四十八年（1783），是今日上海的一家百年老店、名店。童涵春堂的创始人童善长（1745－1817），是宁波市郊庄桥镇童朝阳家族的二十七代孙。童善长从小聪明伶俐，长大后利用祖传资本，在上海小东门外里咸瓜街上开设恒泰药行，专做中药材的批发生意。经过几代人的努力，恒泰药行逐渐发展成为童涵春堂国药号，生意日见兴隆。

"永远绝卖房屋基地"文契

尺寸：40×40cm

这是光绪三十一年（1905），童涵春堂以3200两白银购买上海二十五保七图十铺小东门城内坐南朝北石库门市楼房四幢、厢楼两幢，滨南坐北面南市楼房三幢的契纸。童涵春堂购买这些房产主要是为了营业所需。1897年前后，童涵春堂已经从当时的一开间门面，发展到了三开间五进深门面的大店，还在市区购置了不少房产。由此也可以看出在清末时期，童涵春堂生意颇为兴隆。

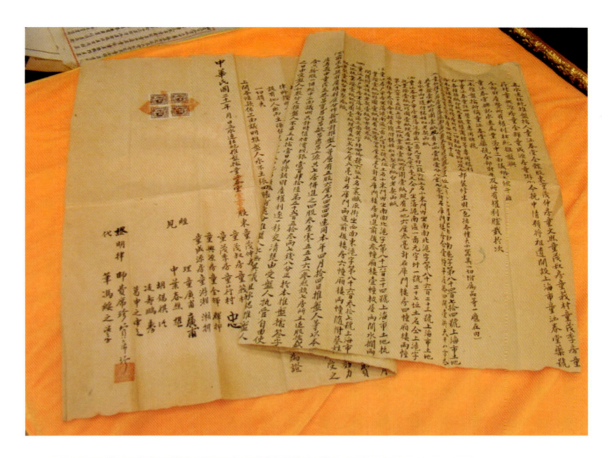

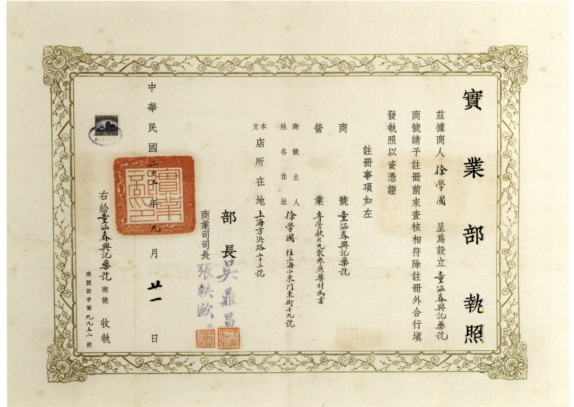

永远杜绝推盘书

尺寸：80×48cm

这是1932年童涵春堂签署的《永远杜绝推盘书》。推盘是旧时的商业术语，指商人将自己商店中全部财产折价让与他人经营。之所以会出现这种状况，是因为童涵春堂在20世纪30年代初期一度出现了困难。

民国实业部执照

尺寸：50×35cm

这是1936年由实业部颁发给童涵春兴记药号的营业执照。上面显示经营者是徐学圃。到了童涵春堂第六任经理童广甫手中时，由于利用企业资金投资失败，不得已于1932年将童涵春堂出盘，改为童涵春堂兴记。从此，由童氏独资开设的药店变为有由他股东投资的合伙组织。

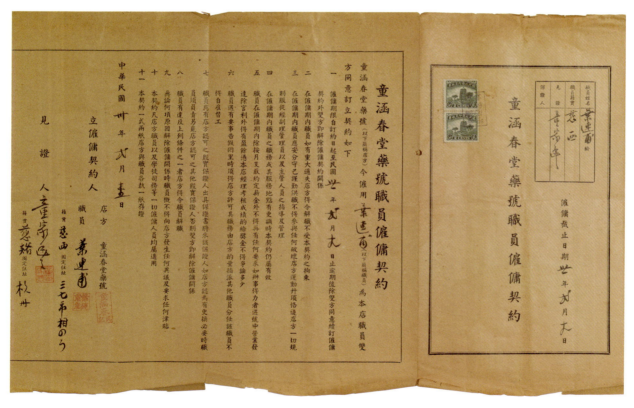

股东大会签名红布

尺寸：52×36cm

童涵春堂改为股份制后，经常召开董事会议或股东大会，商议企业发展大计，决定企业重大事宜。这是童涵春堂股东大会召开之际，各位股东出席签到的红布。

职工雇佣契约

尺寸：14×21cm

这是1941年童涵春堂与职员叶连甫签订的职员雇佣契约。契约有效期为一年。

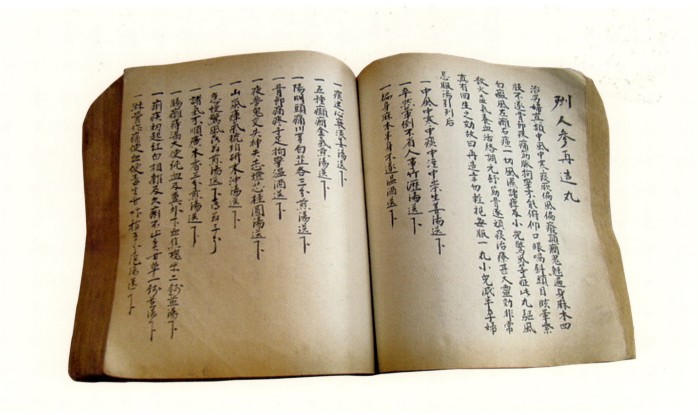

"结彩盈丰"鸿单

尺寸：22×30cm

鸿单，又称红账，是年底由账房先生结算一年营业额后手写的账目，通常为红色，用以说明全年的盈亏。这是1937年童涵春堂的股票收益和分红账本，是了解这家著名国药店铺经营情况的不可多得的第一手资料。

堂簿

尺寸：21×25×3cm

童涵春堂不仅经营药材，还聘有坐堂医生，当场为顾客诊治开药。因此，还收集了不少散落在民间的验方和秘方。当时的员工，用毛笔将这些中药处方和工艺手写成文，装订成册，尊为"堂簿"。这些典籍，凝结了童涵春堂一代代药工的心血，已成为今天不可多得的珍贵史料。

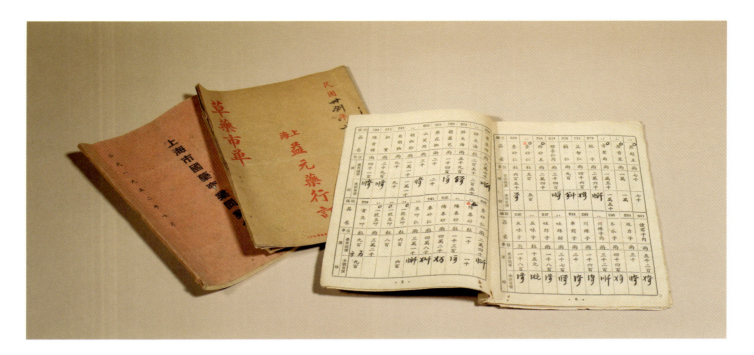

民国草药市单

尺寸：14×20cm

市单就是记录商品交易市场行情的明细目录。童涵春所经营的中草药，以质优价廉取胜，对于药材的市场价格极为敏感，因此保存了一批极为珍贵的民国时期草药市单。这些都是研究民国时期上海中药材交易的第一手史料。

纸包装印模

尺寸：9×9cm

这些是用于药品外包装上的印模。内容既有店铺的名号、性质、地址、电话，更有药品的名称和功效。其功效被编成朗朗上口的歌诀，通俗易懂，广为流传。这几块印模是童涵春堂最著名的几种药品，包括杞菊六味丸、沉香神曲、黑锡丹等。

清代中药饮片格斗橱

尺寸：103×49×188cm

这是店堂内用来放置各色饮片的橱柜。总共有42格小抽屉，面门板上标示了不同的药材，每一小格抽屉可以放置三种，品种多达一百多种。门板上还装有金属的捉手，便于开启。

熬药铜锅

尺寸：直径82cm×高30cm

这是童涵春堂用来熬制膏药的铜锅。按传统中医理论，药物不能接触铁器，必须用铜器来熬煮。我国用铜锅熬膏有着上千年的历史。"春洗铜锅夏晒锅，秋支铜锅冬出锅"，老师傅传给小徒弟，小徒弟又成了老师傅，一代又一代，一年又一年。

童涵春堂瓷药罐

尺寸：直径10cm×高12cm

这是童涵春堂用以盛放膏药的瓷罐。毫无花哨，但胜在质朴实用。

水眼药膏盒

尺寸：直径1.5cm

上海滨江临海，当时浦东一带农民易患"风火赤眼"（俗称红眼病），于是童氏兄弟试制了"水眼药"供应市场。虽然是体量极小的小商品，但深受欢迎，久营不衰，不仅本堂供应，还批发给其他药店，甚至远销海外。

驴皮阿胶

尺寸：25×16cm

驴皮胶一名阿胶，原产山东东阿县，系用井水熬煮黑驴皮制成，故有此名。与人参、鹿茸并称为"滋补三宝"，中国首部药学专著《神农本草经》把阿胶列为上品。现代医学研究证明，阿胶含有明胶原、骨胶原、多肽、蛋白质、硫酸皮肤素、生物酸及金属钙、钾、钠、镁、锌、铁、铜、锰等27种元素，蛋白质水解产生18种以上氨基酸，营养价值极高。具有促进造血功能、补血的作用，并能提高机体免疫功能，甚至还对抑制和杀伤癌细胞具有明显的效果。

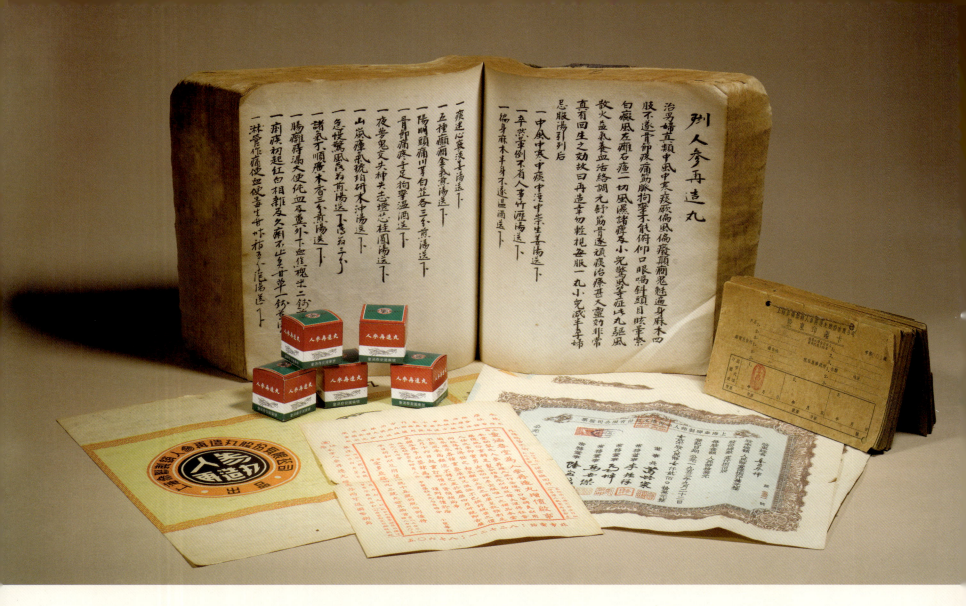

別人参再造丸

人参再造丸

尺寸：不等

人参再造丸是一种方剂，有益气养血、祛风化痰、活血痛络的功用，在治疗气虚血瘀、风痰阻络所致的中风症有很好的疗效。人参再造丸是童涵春堂的看家药，"风行全球，有口皆碑"，以用药道地、份重量足、制合精良而功效卓著，得到社会人士的广泛推崇，是男女老幼、四季皆宜的唯一补品。童涵春堂博物馆内保存了完整的人参再造丸的堂簿、1953年发行的公司股票、当时的包装纸、涨价的公告等，可使人遥想当时生产销售的盛况。

半夏切片技术和工具

尺寸：44×20×27cm（刀板），30×20cm（工具箱），直径1.5cm（半夏）

童涵春堂自行加工的半夏切片，以刀功精湛著称，被行内誉为"童薄片"。直径2厘米不到的中药半夏，在师傅的手起刀落间，不足半分钟时间即可被切成108片。透过薄如蝉翼的半夏片，竟能清晰地看到报纸上的文字，堪称一绝。

人参娃娃

尺寸：70×70×200cm

人参是多年生草本植物，可大补元气，复脉固脱，补脾益肺，生津止渴，安神益智，历来被视为百草之王。这尊人参娃娃由二千多根人参制成，憨态可掬，喜笑颜开，堪称童涵春堂博物馆的镇馆之宝。

鸣　谢

本书出版得到以下博物馆的支持和帮助，特此感谢

上海铁路博物馆

上海中国航海博物馆

上海汽车博物馆

上海公安博物馆

上海消防博物馆

上海民政博物馆

上海邮政博物馆

上海电信博物馆

上海市银行博物馆

上海纺织博物馆

上海玻璃博物馆

上海会馆史陈列馆

上海工艺美术博物馆

上海电影博物馆

上海美特斯邦威服饰博物馆

上海周虎臣曹素功笔墨博物馆

上海中医药博物馆

上海童涵春堂中药博物馆

（排名不分先后）

图书在版编目（ＣＩＰ）数据

上海行业博物馆藏品精选 / 上海市文化广播影视管理局，
上海市文物局编. -- 上海 ：上海古籍出版社,2014.12
　（文化上海·典藏）
　ISBN 978-7-5325-7439-1

Ⅰ．①上… Ⅱ．①上… ②上… Ⅲ．①博物馆－藏品
－介绍－上海市 Ⅳ．①K872.51

中国版本图书馆CIP数据核字(2014)第243452号

　责任编辑：孙　晖
　装帧设计：严克勤
　技术编辑：隗婷婷

文化上海·典藏

上海行业博物馆藏品精选

上海市文化广播影视管理局　编
上　海　市　文　物　局

上海世纪出版股份有限公司　出版
上　海　古　籍　出　版　社
（上海瑞金二路272号　邮政编码 200020）

　(1) 网　　址：www.guji.com.cn
　(2) E-mail：guji1@guji.com.cn
　(3) 易文网址：www.ewen.co

上海世纪出版股份有限公司发行中心发行经销
上海界龙艺术印刷有限公司印刷
开本 787×1092　1/8　印张 41 字数 300,000
2014年12月第1版　2014年12月第1次印刷
ISBN 978-7-5325-7439-1/K.1947
定价：488.00元
如发生质量问题，请与承印公司联系